FROHES FEST, CHARLIE BROWN!

Das Beste aus 50 Jahren

FROHES FEST, CHARLIE BROWN!

Das Beste aus 50 Jahren

AUS DEM AMERIKANISCHEN
ÜBERSETZT VON HANS KANTEREIT

Die Deutsche Bibliothek – CIP-Einheitsaufnahme
Ein Titeldatensatz für diese Publikation ist bei
Der Deutschen Bibliothek erhältlich.

ISBN 3-8315-0316-8

Redaktion: Barbara van den Speulhof
Gestaltung: Jutta Hohl

Publikumsverzeichnis schickt gern: Baumhaus Medien AG,
Juliusstraße 12, D-60487 Frankfurt am Main
www.baumhaus-ag.de

5 4 3 2 1 02 03 04 05 2006

INHALT

Heimtückische Mistelzweigfallen. Vogelfutter in der Hundehütte. Fliegende Renn-Tiere, die nachts auf Dächern landen. Ein irrer Verwandter, der in der Wüste wohnt und auf Kakteen einredet. Der schmutzigste Schneemann der Welt. Socken, die am Kamin hängen. Selbstgezeichnete Popeye-Briefmarken. Mit dem Rodelschlitten durch die Schallmauer ... Und über alldem kreisen pausenlos ein zu allem entschlossenes Fliegerass in seiner klapprigen Mühle und ein briefkastengelber Vogel mit Sturmfrisur.

Wie wollen *Charlie Brown, Snoopy, Lucy, Schroeder, Linus, Peppermint-Patty, Sally, Marcie, Pigpen, Woodstock* und der Rest der Peanuts-Gang unter diesen Umständen ein besinnliches Weihnachtsfest feiern?

Das können Sie jetzt selbst nachlesen. Das Buch, das Sie dazu brauchen, halten Sie ja bereits in der Hand ...

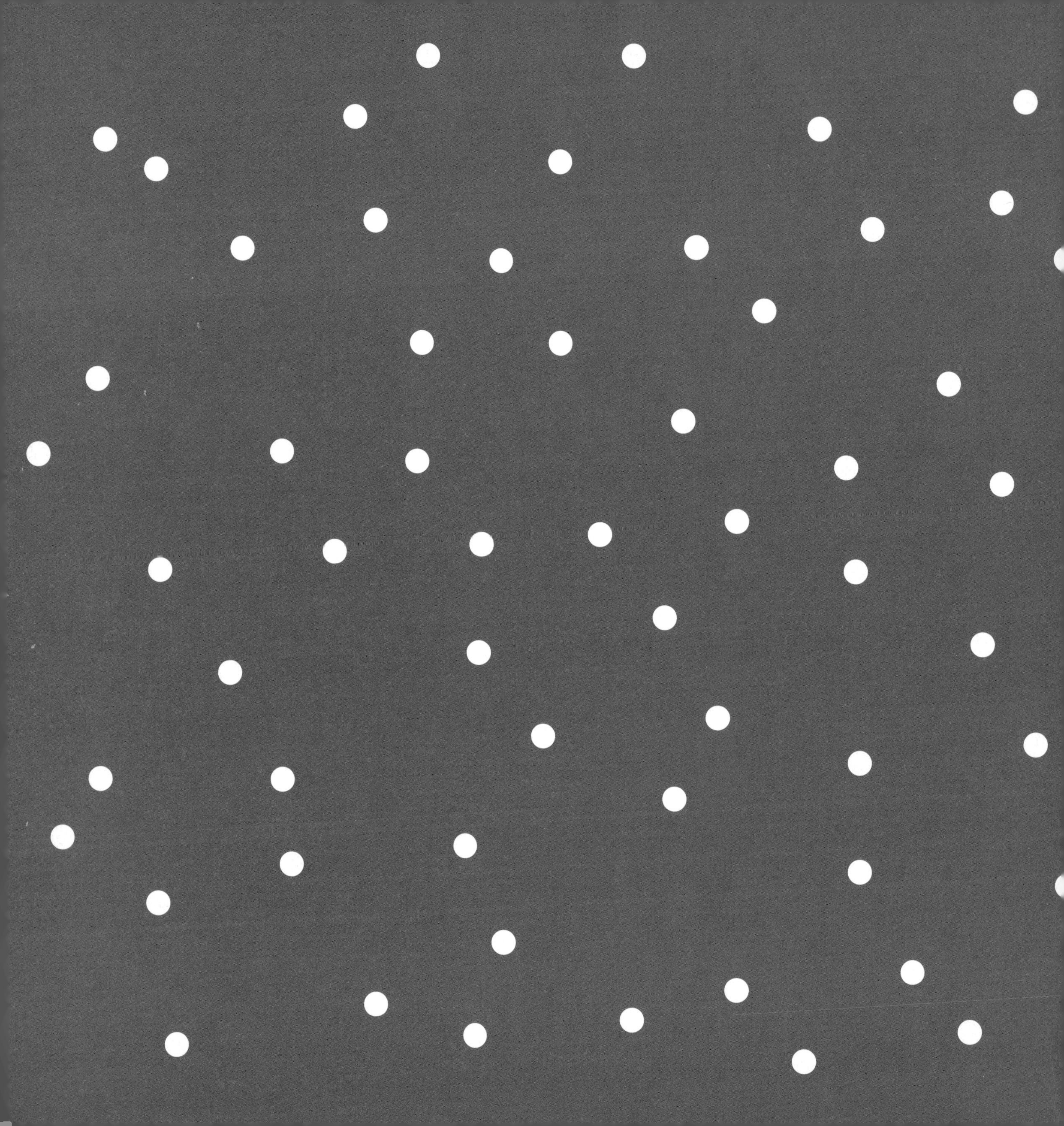

DIE FÜNFZIGER

"PEANUTS"
3 BLOCKS
?

?
Nur noch 1 Block bis zu Charlie Browns Haus

Tm. Reg. U. S. Pat. Off.—All rights reserved
Copr. 1951 by United Feature Syndicate, Inc.
Herzlich Will-kommen Weihnachts-mann!
12
24

24. Dezember 1951

"PEANUTS"
UND DU MEINST, DER WEIHNACHTS-MANN KOMMT DURCH DIESEN SCHORNSTEIN?
GENAU

UND KRIECHT DANN AUS DIESEM KAMIN?
GENAU

UND DAS MACHT ER IN JEDEM HAUS IN DER STADT?
AUF DER GANZEN WELT!

WAS FÜR EINE ART SEIN GELD ZU VERDIENEN!
12-15
Tm. Reg. U. S. Pat. Off.—All rights reserved
Copr. 1952 by United Feature Syndicate, Inc.
SCHULZ

15. Dezember 1952

"PEANUTS"
IST DIR KLAR, DASS IN 347 TAGEN SCHON WIEDER WEIHNACHTEN IST?

ALLERDINGS! UND GLEICH DANACH KOMMT SILVESTER

ES IST IRGENDWIE UNGLAUBLICH

MAN FRAGT SICH, WO DIE GANZE ZEIT BLEIBT...
1-12
SCHULZ
Tm Reg. U S Pat Off.—All rights reserved
Copr 1953 by United Feature Syndicate, Inc.

24. Dezember 1951

PEANUTS
Lieber Weihnachtsmann, also ... jetzt kommt bald wieder diese gewisse Zeit, du weisst schon ...

Es gibt so viele Sachen, die ich dir gerne sagen möchte, aber schriftlich fällt mir das schwer.

Es wäre so viel einfacher, wenn wir mal von Mann zu Mann ...
Tm. Reg. U. S. Pat. Off.—All rights reserved
Copr. 1958 by United Feature Syndicate, Inc.

Meinst du, wir könnten irgendwann mal zusammen Mittag essen?
12-18
SCHULZ

18. Dezember 1954

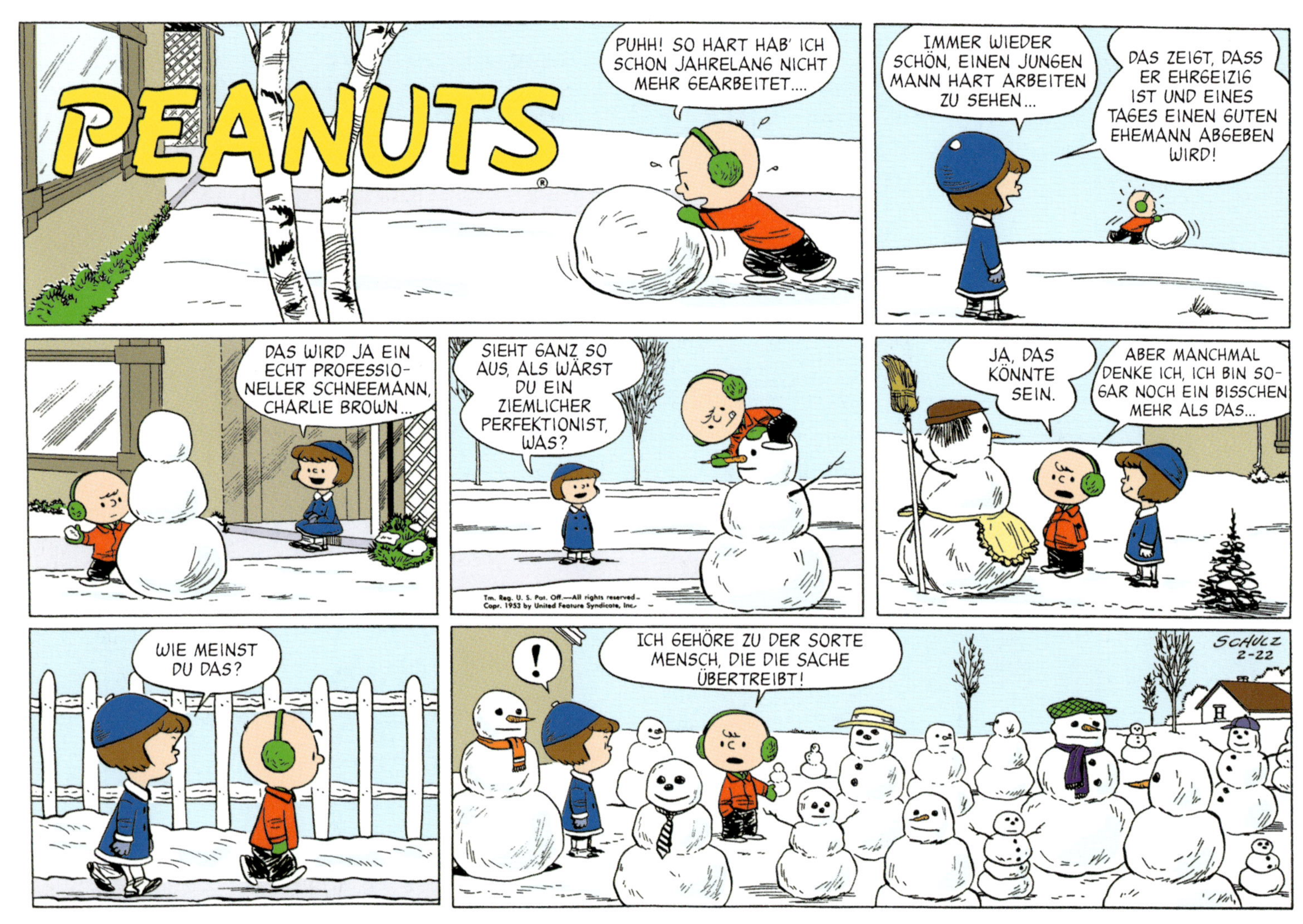
PEANUTS
PUHH! SO HART HAB' ICH SCHON JAHRELANG NICHT MEHR GEARBEITET....
IMMER WIEDER SCHÖN, EINEN JUNGEN MANN HART ARBEITEN ZU SEHEN...
DAS ZEIGT, DASS ER EHRGEIZIG IST UND EINES TAGES EINEN GUTEN EHEMANN ABGEBEN WIRD!
DAS WIRD JA EIN ECHT PROFESSIONELLER SCHNEEMANN, CHARLIE BROWN...
SIEHT GANZ SO AUS, ALS WÄRST DU EIN ZIEMLICHER PERFEKTIONIST, WAS?
Tm. Reg. U. S. Pat. Off.—All rights reserved— Copr. 1953 by United Feature Syndicate, Inc.
JA, DAS KÖNNTE SEIN.
ABER MANCHMAL DENKE ICH, ICH BIN SOGAR NOCH EIN BISSCHEN MEHR ALS DAS...
WIE MEINST DU DAS?
!
ICH GEHÖRE ZU DER SORTE MENSCH, DIE DIE SACHE ÜBERTREIBT!
SCHULZ 2-22

22. Februar 1953

CHARLIE BROWN

Für seinen Hund ist er »der Junge mit dem runden Kopf«, für seine Freunde manchmal einfach nur der »Dummkopf«, aber der Rest der Welt kennt ihn als Charlie Brown. Charlie Brown ist der Star der Peanuts-Gang, selten vom Glück verfolgt, ein geborener Verlierer, der jedoch die Hoffnung nie verliert. Auch wenn sein Baseball-Team ständig versagt, Lucy ihm immer den Ball wegzieht und die Freunde seinen Weihnachtsbaum verspotten: Charlie Brown bleibt am Ball und sieht optimistisch in die Zukunft.
Vor allem wenn die neue Baseball-Saison oder andere hohe Feiertage in Sicht sind.

„HEILIGABEND IST FÜR MICH DER SCHÖNSTE TAG DES JAHRES. DANN BIN ICH FRÖHLICH UND KÖNNTE DIE GANZE WELT UMARMEN."

25. Dezember 1953

RY CHRIS

Tm Reg U S Pat Off —All rights reserved
Copr 1953 by United Feature Syndicate, Inc.
SCHULZ
12-25
TMAS TO ALL

"PEANUTS"

HEY!
REG' DICH NICHT AUF...

?
Tm. Reg. U. S. Pat Off.—All rights reserved
Copr. 1954 by United Feature Syndicate, Inc.

FRÖHLICHE WEIHNACHTEN!
SCHULZ 12-25

25. Dezember 1954

PIGPEN

Pigpen schwebt ständig auf einer Wolke – von Schmutz, und hinterlässt überall seine Spuren. Aber Pigpen hat sich mit seiner Aura aus Staub und Dreck abgefunden und ist stets guter Dinge. Seine weihnachtlichen Schneemänner sind vielleicht nicht die saubersten der Stadt – aber sie sind unverwechselbar. Genau wie Pigpen.

"PEANUTS"
KOMM MAL MIT UND KUCK DIR DEN SCHNEEMANN AN, DEN PIGPEN GEBAUT HAT

ICH WETTE BEIM SPIELEN IM SCHNEE IST ER SAUBER GEBLIEBEN, WAS...?

IM GEGENTEIL...

DER SCHMUTZIGSTE SCHNEEMANN DER WELT!
SCHULZ

6. Januar 1955

"PEANUTS"
DAS WAR SO EIN KOMISCHES GEFÜHL, CHARLIE BROWN... ICH HAB' ÜBERHAUPT NICHTS MEHR GEHÖRT...

DIESEN HÜGEL DA BIN ICH RUNTER GEKOMMEN. RICHTIG SCHNELL. UND UM MICH HERUM WAR ALLES SO UNGLAUBLICH STILL...

KEIN WUNDER... DEINE OHRENSCHÜTZER SITZEN ZU FEST
DAS WAR'S? MIST! SO EINE ENTTÄUSCHUNG...

ICH DACHTE, ICH HÄTTE DIE SCHALLMAUER DURCHBROCHEN!
SCHULZ
1-13

13. Januar 1955

PEANUTS
SIEHT KALT AUS, HEUTE...

IRGENDWIE HASSE ICH DIE ZEIT, WO'S ZU SCHNEIEN ANFÄNGT, DU NICHT?

NA, ICH WEISS NICHT...

ICH MEINE: WO SCHNEE FÄLLT, KANN DER WEIHNACHTSMANN NICHT MEHR WEIT SEIN!
Tm. Reg. U. S. Pat Off.—All rights reserved
Copr. 1957 by United Feature Syndicate, Inc.
11/21
SCHULZ

21. November 1957

PEANUTS
DU UND DEINE BRIEFE AN DEN WEIHNACHTS-MANN!
12-21

FALLS DU GLAUBST, DU KÖNNTEST MICH BEI IHM ANSCHWÄRZEN, HAST DU DICH GETÄUSCHT! KLEINEN MÄDCHEN VERZEIHT DER WEIHNACHTSMANN ALLES!
TAT-SACHE?

TATSACHE! KLEINE MÄDCHEN KÖNNEN SICH VIEL MEHR ERLAUBEN ALS KLEINE JUNGS!
UND WIESO?

WEIL WIR SO SÜÜSS SIND!
SCHULZ

21. Dezember 1959

LUCY

Lucille Van Pelt ist übellaunig, laut, die meiste Zeit auf irgendwas wütend und auch noch stolz darauf. Sie macht gar nicht erst den Versuch, mit ihren Ansichten oder Empfindungen hinter dem Berg zu halten und ist gelegentlich ganz schön fies zu ihrem Bruder Linus, ihren Freunden und – wenn es sein muss – sogar zu Nachbars Hund.

Lucy kennt die Antwort auf alle Fragen (schließlich betreibt sie eine psychotherapeutische Beratungsbude), sie hat immer Recht (vollkommen unabhängig von der Faktenlage) und ist immer die Anführerin (egal, ob jemand Wert darauf legt oder nicht).

Zu Schroeders Entsetzen versucht sie ihn in der Weihnachtszeit immer wieder mit aufgehängten Mistelzweigen in die Falle zu locken oder lehnt einfach nur verführerisch an seinem Klavier.

„IRGENDWAS STIMMT NICHT
IN DIESEM ZIMMER: HIER HERRSCHT
EIN ERSCHRECKENDER MANGEL
AN MISTELZWEIGEN!"

PEANUTS
HAST DU IRGENDWELCHE GUTEN VORSÄTZE FÜRS NEUE JAHR, LUCY?

WAS SOLL DAS? WOZU? STIMMT IRGENDWAS NICHT MIT MIR? ICH MAG MICH GENAU SO WIE ICH BIN!

WARUM SOLLTE ICH MICH ÄNDERN?! WAS GEHT VERDAMMT NOCH MAL IN DIR VOR, CHARLIE BROWN?!!
Tm Reg. U. S. Pat. Off.—All rights reserved
Copr. 1956 by United Feature Syndicate, Inc.

MIT MIR IST ALLES IN ORDNUNG! ES GIBT NICHTS ZU VERBESSERN! WAS KÖNNTE ICH NOCH VERBESSERN?! WAS? SAG'S MIR! WAS?!
GROSSER GOTT!
SCHULZ
12-31

31. Dezember 1956

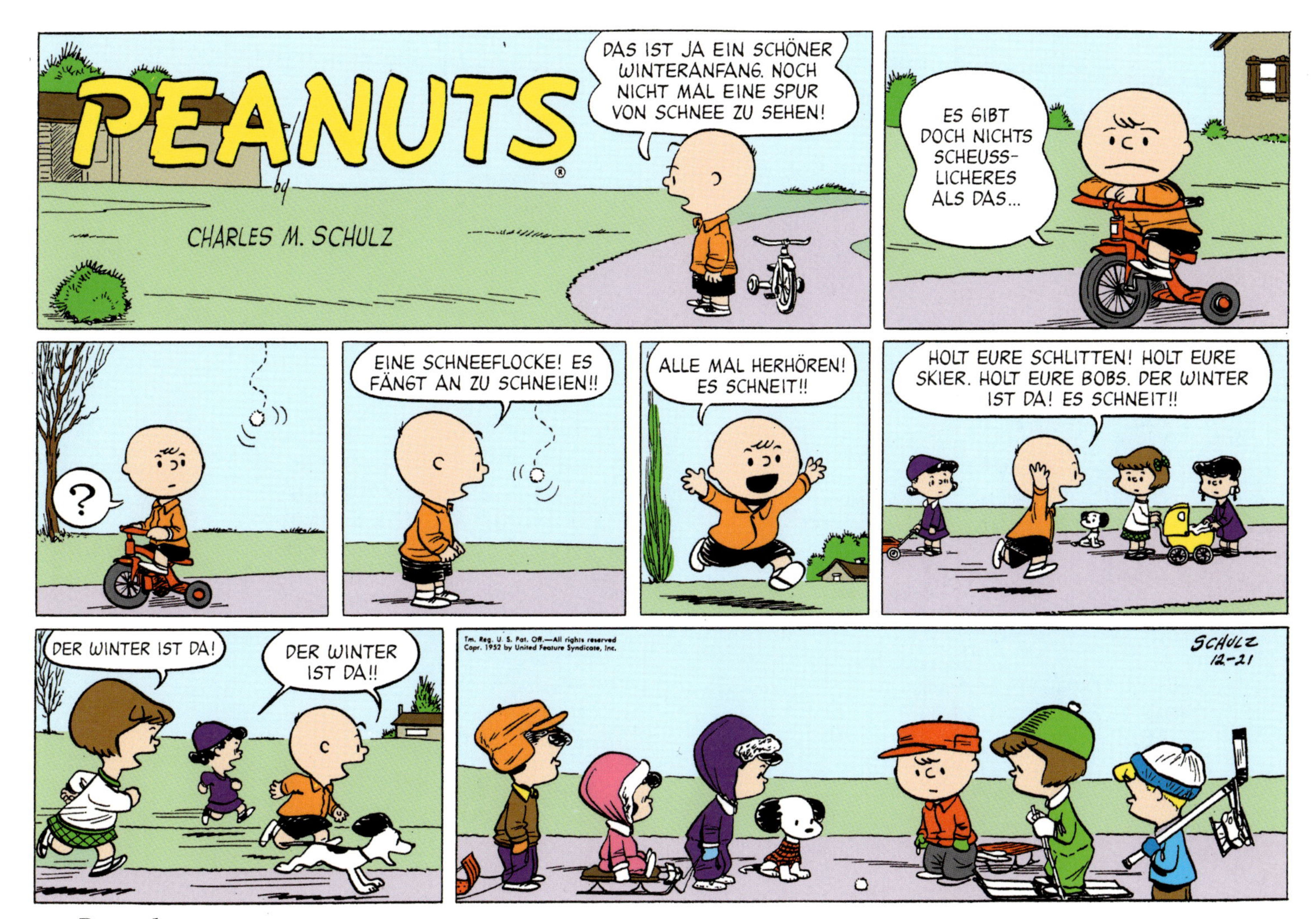
PEANUTS
by
CHARLES M. SCHULZ
DAS IST JA EIN SCHÖNER WINTERANFANG. NOCH NICHT MAL EINE SPUR VON SCHNEE ZU SEHEN!
ES GIBT DOCH NICHTS SCHEUSS-LICHERES ALS DAS...
?
EINE SCHNEEFLOCKE! ES FÄNGT AN ZU SCHNEIEN!!
ALLE MAL HERHÖREN! ES SCHNEIT!!
HOLT EURE SCHLITTEN! HOLT EURE SKIER. HOLT EURE BOBS. DER WINTER IST DA! ES SCHNEIT!!
DER WINTER IST DA!
DER WINTER IST DA!!
Tm. Reg. U. S. Pat. Off.—All rights reserved
Copr. 1952 by United Feature Syndicate, Inc.
SCHULZ
12-21

21. Dezember 1952

PEANUTS®
JE WEITER ENTFERNT DU STEHST, DESTO BESSER WIRKT ER...
ER IST SO SCHÖN!
ICH GLAUB' ER IST DAS BESTE WAS DU JE ZU STANDE GEBRACHT HAST...

?

HEY, CHARLIE BROWN... DIE SONNE FÄNGT AN, DEINEN SCHNEEMANN ZU SCHMELZEN!

WAAS?

DU DA! AUFHÖREN! AUFHÖREN!! HÖR AUF ZU SCHEINEN!!

ABKÜHLEN! WIRD'S BALD? SOFORT ABKÜHLEN!

OH, GROSSER GOTT...

ER IST WEG! ER IST FORT! NICHTS MEHR ÜBRIG! NUR NOCH EINE SCHÖNE ERINNERUNG UND EINE MÖHRE!

?!
MAMPF
MAMPF
MAMPF
Tm. Reg. U. S. Pat Off.—All rights reserved
Copr. 1955 by United Feature Syndicate, Inc.

... NUR NOCH EINE SCHÖNE ERINNERUNG...
1-23
SCHULZ

23. Januar 1955

PEANUTS
... am 19.12.
ES IST SEHR NETT VON DIR, DEN BRIEF AN DEN WEIHNACHTSMANN FÜR MICH ZU SCHREIBEN, CHARLIE BROWN...

DAS TU ICH DOCH GERN FÜR DICH, LINUS... ALSO, WIE SOLL ICH ANFANGEN? „LIEBER WEIHNACHTSMANN"?

WART MAL... ICH WEISS NICHT... VIELLEICHT SOLLTEN WIR ETWAS DEUTLICHER WERDEN...

WIE WÄR'S DENN MIT „LIEBER ALLMÄCHTIGER"?
Tm. Reg. U. S. Pat. Off.—All rights reserved
Copr. 1958 by United Feature Syndicate, Inc.
12-19
SCHULZ

19. Dezember 1958

LINUS

Am Daumen lutschend und an seine himmelblaue Schmusedecke geklammert, hat Linus Van Pelt uns den wahren Sinn des Weihnachtsfestes näher gebracht und uns zu dem Glauben bekehrt, der Große Kürbis würde an Halloween Geschenke verteilen. Der geborene Grübler findet Lösungen für die Probleme der gesamten Peanuts-Gang. Lucy, seine große Schwester, kann ihn nicht ausstehen, aber Sally, Charlie Browns jüngere Schwester, ist komplett vernarrt in ihn. Aus dem andauernden Gerangel, das er sich mit Snoopy um seine Schmusedecke liefert, geht Linus – für sein Alter schon ziemlich clever – immer als Sieger hervor.

„LIEBER WEIHNACHTSMANN, ICH WEISS NICHT, WAS ICH MIR DIESES JAHR ZU WEIHNACHTEN WÜNSCHEN SOLL. KÖNNTEN SIE MIR VIELLEICHT IHREN KATALOG SCHICKEN?"

PEANUTS
Tm. Reg. U. S. Pat. Off.—All rights reserved
Copr. 1957 by United Feature Syndicate, Inc.
HEUTE NACHT IST ES SO WEIT, LINUS!

HEUTE NACHT FLIEGT DER WEIHNACHTSMANN WIEDER UM DIE WELT UND WIRFT GESCHENKE FÜR ALL DIE KLEINEN KINDER IN DIE SCHORNSTEINE!

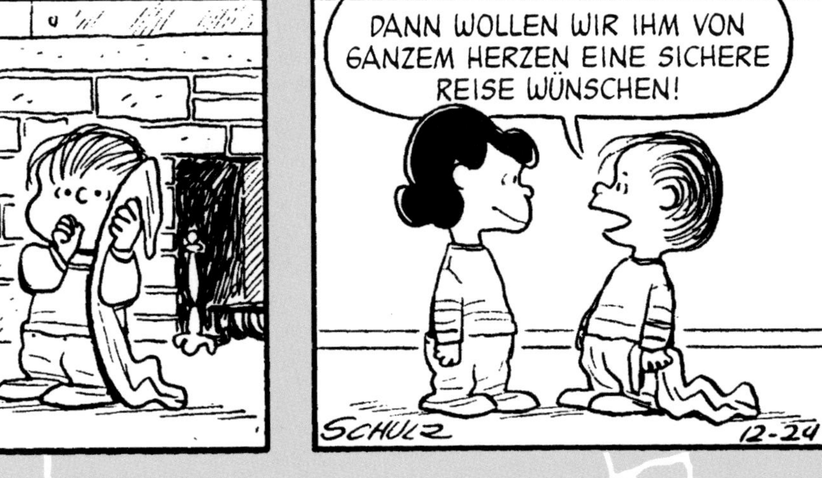
DANN WOLLEN WIR IHM VON GANZEM HERZEN EINE SICHERE REISE WÜNSCHEN!
SCHULZ
12-24

24. Dezember 1957

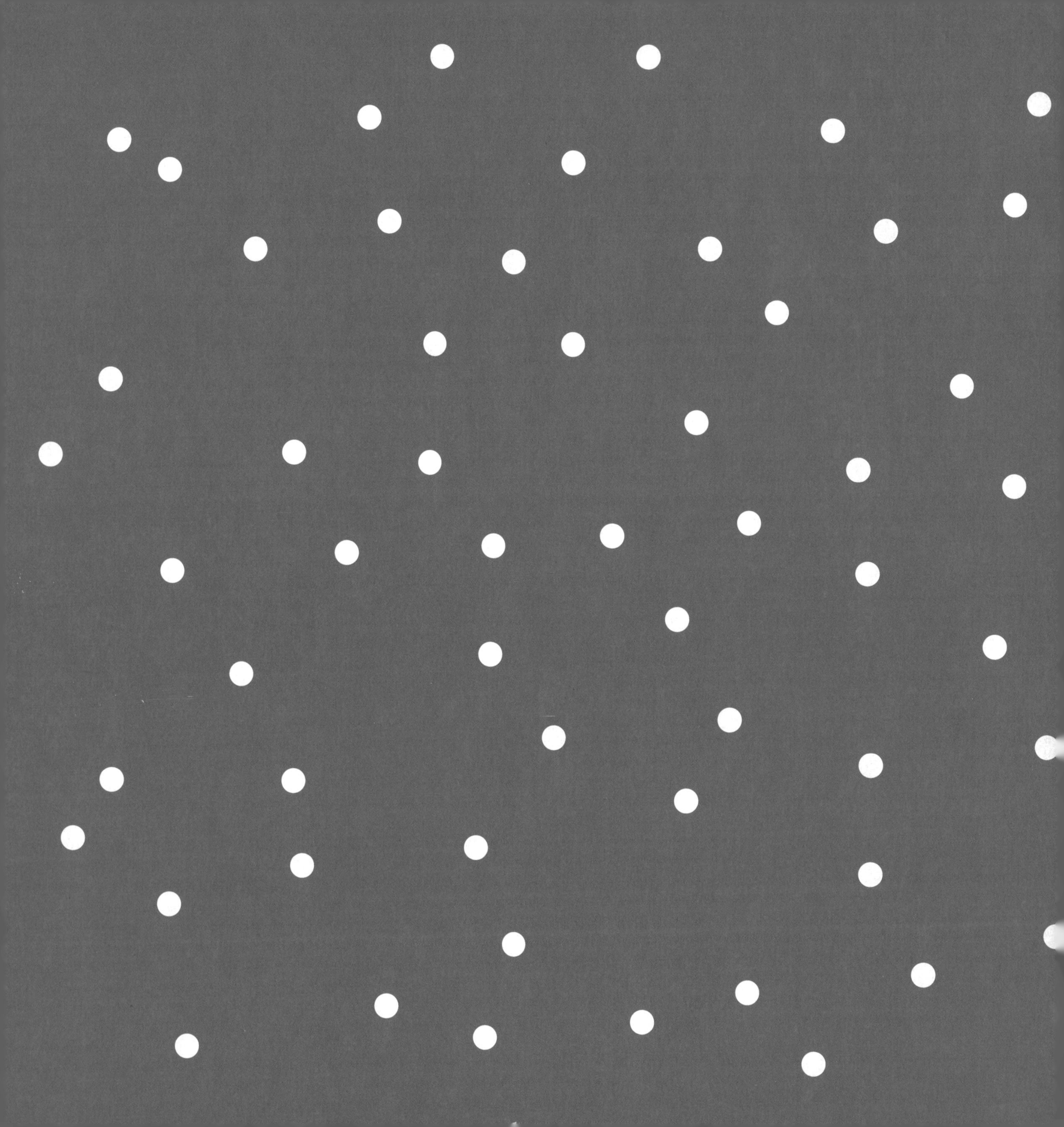

DIE SECHZIGER

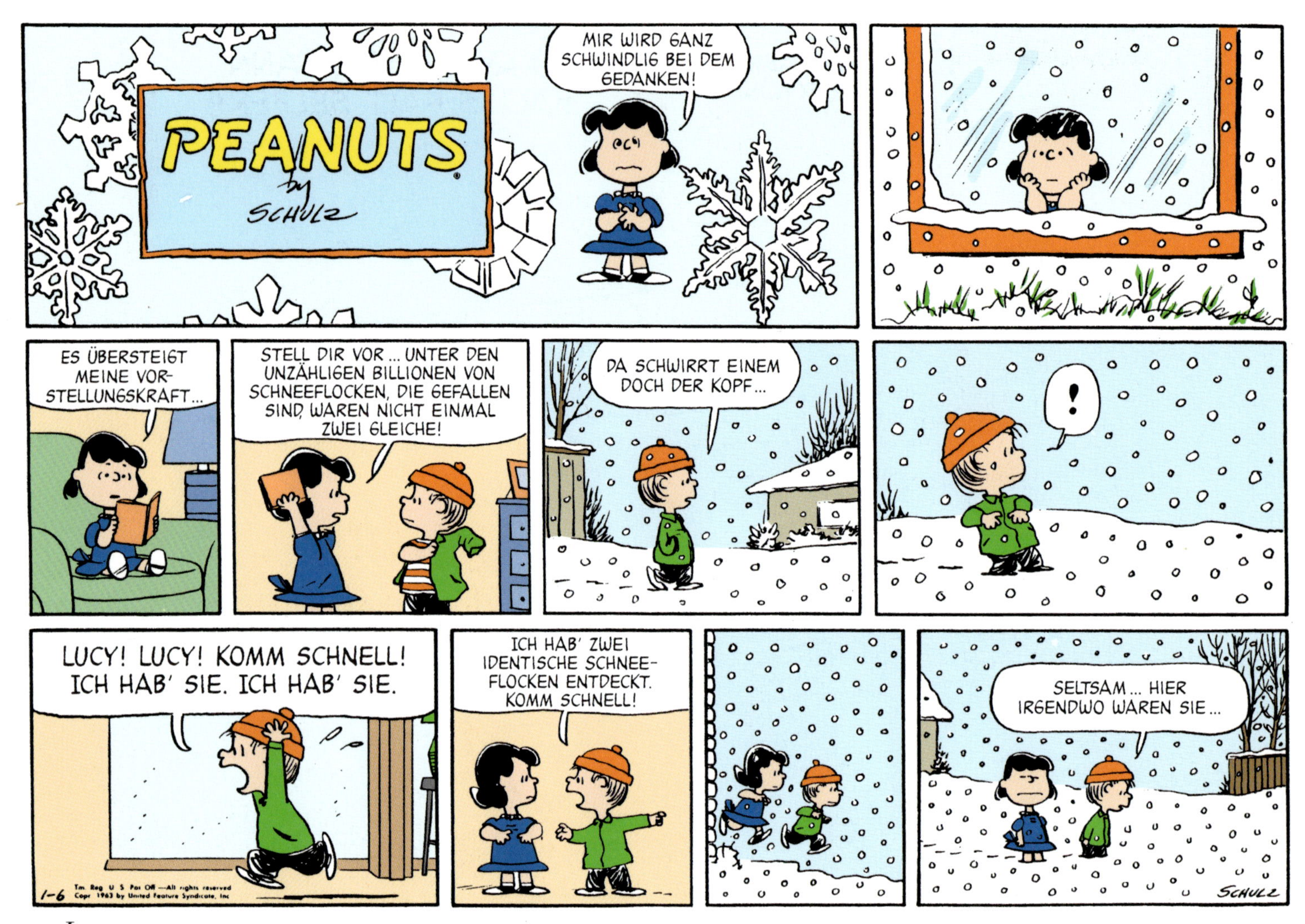
PEANUTS
by SCHULZ
MIR WIRD GANZ SCHWINDLIG BEI DEM GEDANKEN!
ES ÜBERSTEIGT MEINE VORSTELLUNGSKRAFT...
STELL DIR VOR ... UNTER DEN UNZÄHLIGEN BILLIONEN VON SCHNEEFLOCKEN, DIE GEFALLEN SIND, WAREN NICHT EINMAL ZWEI GLEICHE!
DA SCHWIRRT EINEM DOCH DER KOPF...
!
LUCY! LUCY! KOMM SCHNELL! ICH HAB' SIE. ICH HAB' SIE.
ICH HAB' ZWEI IDENTISCHE SCHNEEFLOCKEN ENTDECKT. KOMM SCHNELL!
SELTSAM... HIER IRGENDWO WAREN SIE...
SCHULZ

6. Januar 1963

PEANUTS
DAS IST ABER KEINE SCHÖNE HANDSCHRIFT, LUCY... ICH HATTE GEHOFFT, DU WÜRDEST DIR MEHR MÜHE GEBEN...

OKAY SÜSSER, DANN MACH'S HALT SELBER!!

Tm. Reg. U. S. Pat Off.—All rights reserved
Copr. 1960 by United Feature Syndicate, Inc.
12-7
NICHTS LEICHTER ALS DAS!

Lieber Weihnachtsmann,
SCHULZ

7. Dezember 1960

PEANUTS
by
SCHULZ

ICH HALT'S NICHT AUS!

GLÜCK IST, WENN MAN
SEINE DANKESBRIEFE NICHT
SELBER SCHREIBEN MUSS

HALLO CHARLIE BROWN, KOMM REIN...
!

SIEHST DU? WIE ICH GESAGT HAB'...

SCHAU DIR ALL DEN KREMPEL AN... EIN FAHRRAD, SPIELE, KLAMOTTEN, BASEBALL-AUSRÜSTUNG...

NOCH MEHR KLAMOTTEN, MEHR SPIELE, SÜSSIGKEITEN, BÜCHER, EIN KOFFERRADIO...

DAS IST DAS SCHLIMMSTE WEIHNACHTEN, DAS ICH JE ERLEBT HAB'!

WIE SOLL ICH MICH ZU EINER PERSÖNLICHKEIT ENTWICKELN?
12-27

WENN ICH IMMER KRIEGE WAS ICH WILL?
SCHULZ

30. Januar 1961

PEANUTS
LIEBER WEIHNACHTSMANN, WIE GEHT ES IHNEN? WIE GEHT ES IHRER FRAU?

ICH WEISS NICHT, WAS ICH MIR DIESES JAHR ZU WEIHNACHTEN WÜNSCHEN SOLL.
Tm. Reg. U. S. Pat. Off.—All rights reserved
Copr. 1961 by United Feature Syndicate, Inc.

MANCHMAL FÄLLT DIE ENTSCHEIDUNG WIRKLICH SCHWER.
11-16

KÖNNTEN SIE MIR VIELLEICHT IHREN KATALOG SCHICKEN?
SCHULZ

16. November 1961

PEANUTS
DU DUMMKOPF!
WER IST HIER EIN DUMMKOPF?

IST EUCH EIGENTLICH KLAR WAS DER WEIHNACHTSMANN VON EUCH DENKEN MUSS, WENN IHR EUCH UM DIESE ZEIT DES JAHRES SO STREITET?
12-11

Tm. Reg. U. S. Pat Off.—All rights reserved
Copr. 1961 by United Feature Syndicate, Inc.

BRÜDERCHEN!
SCHWESTERCHEN!
SCHULZ

11. Dezember 1961

PEANUTS
LIEBER WEIHNACHTSMANN, IN DER ANLAGE ERHALTEN SIE EINE LISTE DER SACHEN, DIE ICH MIR ZU WEIHNACHTEN WÜNSCHE.

ICH BITTE SIE DIE ANGABEN BEZÜGLICH GRÖSSE, FARBE UND MENGE DER AUFGELISTETEN GEGENSTÄNDE ZU BEACHTEN...

WIE TÜCHTIG ER DOCH SEIN KANN!
Tm. Reg. U. S. Pat. Off.—All rights reserved
Copr. 1961 by United Feature Syndicate, Inc.
11-18
SCHULZ

18. November 1961

PEANUTS
Lieber Weihnachtsmann, ich schreibe Ihnen im Namen meines Hundes Snoopy. Er ist ein guter Hund.
Wenn, zum Beispiel, eines Ihrer Rentiere krank würde, wette ich, dass Snoopy sofort einspringen und helfen würde Ihren Schlitten zu ziehen...

12-7
ÄÄHHM!
Tm Reg. U S Pat Off —All rights reserved
Copr 1963 by United Feature Syndicate, Inc.

Nun, vielleicht auch nicht! Aber er ist und bleibt ein guter Hund.
GROSSER GOTT!
SCHULZ

7. Dezember 1963

PEANUTS
by
SCHULZ
12-22
WELCHEN SOLL ICH RAUSZIEHEN? DEN VOM FERNSEHER ODER DEN VOM RADIOWECKER?
SCHULZ

22. Dezember 1963

PEANUTS
ICH SPIELE EINEN SCHÄFER IN DER WEIHNACHTS-GESCHICHTE, SNOOPY…

DAS IST DER TEXT, DEN ICH LERNEN MUSS…

„…UND ES WAREN SCHÄFER IN DEM LAND, DIE IM FELDE LAGERTEN UND IN DER NACHT ÜBER IHRE HERDEN WACHTEN…"
12-21

EIN TOLLER TEXT… ICH FRAG' MICH, WER DEN GESCHRIEBEN HAT….
SCHULZ

21. Dezember 1964

PEANUTS
DU SPIELST AUCH EINE ROLLE IN UNSERER WEIHNACHTS-GESCHICHTE, SNOOPY!
12-22

ICH SPIELE EINEN SCHÄFER UND DU WIRST MEINE SCHAFHERDE SEIN…

MEINST DU, DU KANNST EINE SCHAFHERDE DARSTELLEN?

KEINE SORGE… EIN GUTER BEAGLE IST ALLEMAL SO VIEL WERT WIE EINE HERDE SCHAFE!
SCHULZ

22. Dezember 1964

PEANUTS
DAS IST UNSER GROSSER MOMENT, SNOOPY...

DU GEHST ALS ERSTER AUF DIE BÜHNE, WEIL DU DAS SCHAF BIST... ICH KOMME HINTERHER UND TU SO, ALS WÜRDE ICH DICH FÜHREN...
LOS GEHT'S...

WENN ER MIT SEINEM HIRTENSTAB AUCH NUR IN MEINE NÄHE KOMMT, SETZT ES EINEN JUDOGRIFF!
SCHULZ
12-23

23. Dezember 1964

PEANUTS
„... UND ES WAREN SCHÄFER IN DEM LAND, DIE IM FELDE LAGERTEN UND IN DER NACHT ÜBER IHRE HERDEN WACHTEN ..."
12-24

PSST! „HERDE"!

BLÖÖÖÖK!
SCHULZ

24. Dezember 1964

PEANUTS
Lieber Weihnachtsmann,
Tm. Reg. U. S. Pat. Off.—All rights reserved.
©1966 by United Feature Syndicate Inc.
12-21

Bevor du startest,
wollte ich dir noch...

... eine schöne Reise
wünschen.

Und vergiss bitte nicht,
dich anzuschnallen!
SCHULZ

21. Dezember 1966

PEPPERMINT-PATTY

Die raubeinige Peppermint-Patty ist Mannschaftskapitän eines Baseball- und Footballteams und fühlt sich auf dem Spielfeld deutlich wohler als im Klassenzimmer. Patty, ihre Freundin Marcie und ihr Freund Franklin besuchen zwar eine andere Schule als Charlie Brown, im Sommercamp sind sie dann aber alle wieder vereint.

Während des restlichen Jahres besuchen sie sich zu gelegentlichen Baseball- oder Footballspielen, sowie zu Halloween und natürlich an Weihnachten.

„VERZWEIFELN SIE DOCH NICHT JETZT SCHON, FRÄULEIN. BIS ZU DEN WEIHNACHTSFERIEN IST'S NOCH LANGE HIN."

PEANUTS
GROSSMUTTER HAT ERZÄHLT, ALS SIE KLEIN WAR, HAT SIE AM ABEND VOR WEIHNACHTEN IMMER IHREN STRUMPF AUFGEHÄNGT...

DANN, AM NÄCHSTEN MORGEN IST SIE RUNTER GERANNT UND ER WAR VOLLER ÄPFEL UND ORANGEN...

Tm. Reg. U. S. Pat. Off.—All rights reserved
©1966 by United Feature Syndicate, Inc.

ICH SEH'S SCHON VOR MIR... DREI TRAUBEN!
SCHULZ
12-22

22. Dezember 1966

24. Dezember 1966

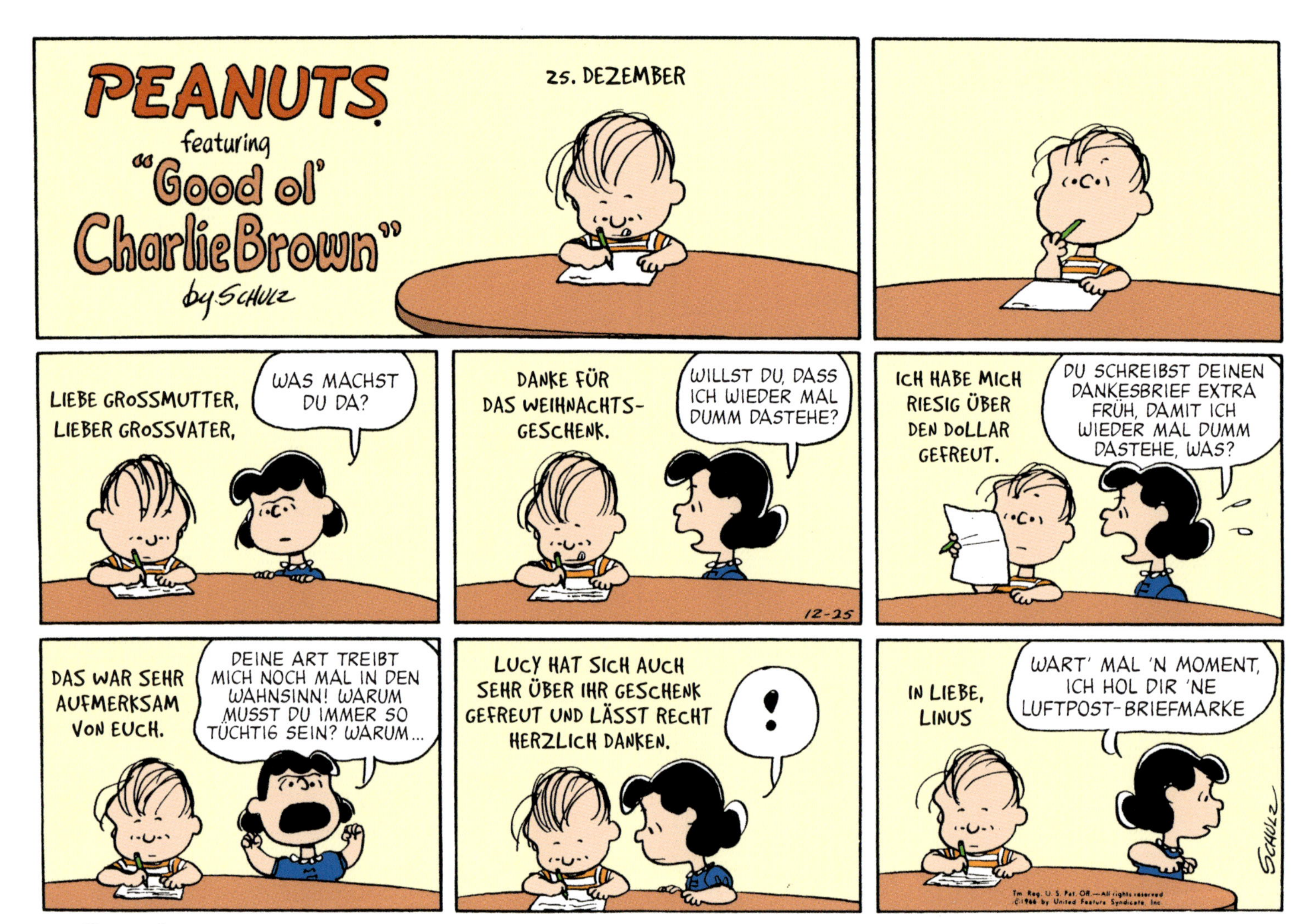
PEANUTS
featuring "Good ol' Charlie Brown"
by SCHULZ
25. DEZEMBER
LIEBE GROSSMUTTER, LIEBER GROSSVATER,
WAS MACHST DU DA?
DANKE FÜR DAS WEIHNACHTS-GESCHENK.
WILLST DU, DASS ICH WIEDER MAL DUMM DASTEHE?
ICH HABE MICH RIESIG ÜBER DEN DOLLAR GEFREUT.
DU SCHREIBST DEINEN DANKESBRIEF EXTRA FRÜH, DAMIT ICH WIEDER MAL DUMM DASTEHE, WAS?
DAS WAR SEHR AUFMERKSAM VON EUCH.
DEINE ART TREIBT MICH NOCH MAL IN DEN WAHNSINN! WARUM MUSST DU IMMER SO TÜCHTIG SEIN? WARUM...
LUCY HAT SICH AUCH SEHR ÜBER IHR GESCHENK GEFREUT UND LÄSST RECHT HERZLICH DANKEN.
!
IN LIEBE, LINUS
WART' MAL 'N MOMENT, ICH HOL DIR 'NE LUFTPOST-BRIEFMARKE
SCHULZ

25. Dezember 1966

PEANUTS
„NICHTS RÜHRTE SICH MEHR, KEINE MAUS UND KEIN WURM ...“

DENK DRAN, WENN ICH IRGENDEINEN FEHLER MACHE, UNTERBRICH MICH ...
Tm. Reg. U. S. Pat. Off.—All rights reserved © 1968 by United Feature Syndicate, Inc.
12-11

„... AM KAMINSIMS DIE SOCKEN DER KINDER SCHON HINGEN, IN DER HOFFNUNG JACK NICKLAUS* WÜRD' BALD DIE GESCHENKE BRINGEN ...“

ICH UNTERBRECH' DICH UNGERN, ABER ...
SCHULZ

11. Dezember 1968

***Anm. d. Ü.:**
Jack Nicklaus, amerikanischer Golfspieler, geb. 1940*

PEANUTS
NA LINUS, HATTEST DU EIN SCHÖNES WEIH-NACHTSFEST?
WAS MEINST DU MIT „SCHÖN"?

MEINST DU, OB ICH VIELE GESCHENKE BEKOMMEN HABE? ODER MEINST DU, OB ICH VIELE GESCHENKE GEGEBEN HABE?
12-26

BEZIEHT SICH DIE FRAGE AUF'S WETTER ODER AUF UNSER WEIHNACHTSMENÜ? WILLST DU WISSEN, OB MEIN WEIHNACHTEN IM RELIGIÖSEN SINN SCHÖN WAR?

FRAGST DU, OB MEIN WEIHNACHTEN INSOFERN SCHÖN WAR, ALS DASS ICH ALTBEKANNTES IN NEUEM LICHT SAH? ODER...
SEUFZ
Tm. Reg. U. S. Pat. Off.—All rights reserved © 1968 by United Feature Syndicate, Inc.
SCHULZ

26. Dezember 1968

PEANUTS
ALSO, ICH WEISS NICHT...
Tm. Reg. U.S. Pat. Off.—All rights reserved © 1969 by United Feature Syndicate, Inc.
12-24

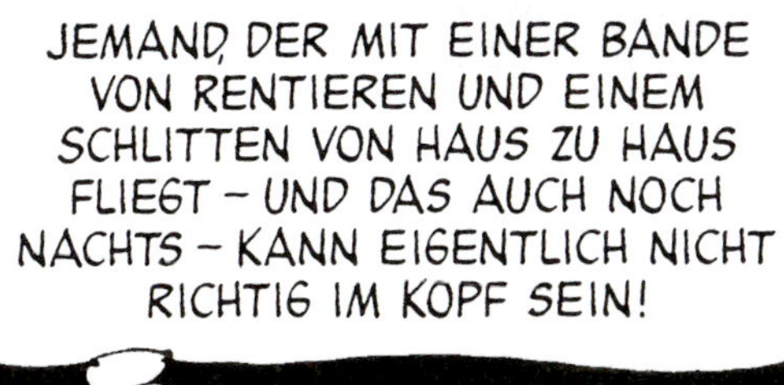
JEMAND, DER MIT EINER BANDE VON RENTIEREN UND EINEM SCHLITTEN VON HAUS ZU HAUS FLIEGT – UND DAS AUCH NOCH NACHTS – KANN EIGENTLICH NICHT RICHTIG IM KOPF SEIN!

RUMMS!

ABER WIR WISSEN ES ZU SCHÄTZEN!
SCHULZ

24. Dezember 1969

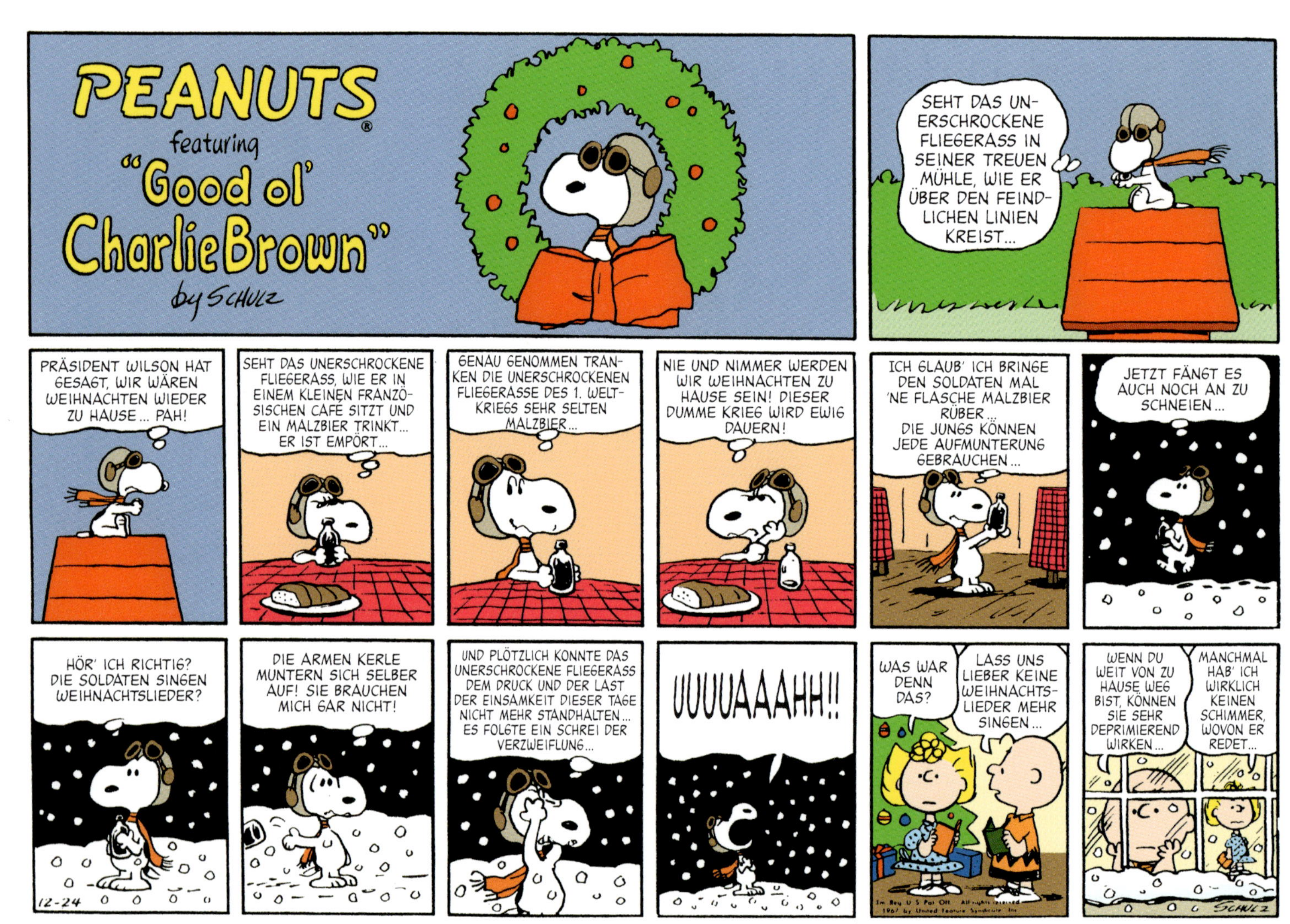
PEANUTS
featuring
"Good ol' Charlie Brown"
by SCHULZ
SEHT DAS UNERSCHROCKENE FLIEGERASS IN SEINER TREUEN MÜHLE, WIE ER ÜBER DEN FEINDLICHEN LINIEN KREIST...
PRÄSIDENT WILSON HAT GESAGT, WIR WÄREN WEIHNACHTEN WIEDER ZU HAUSE... PAH!
SEHT DAS UNERSCHROCKENE FLIEGERASS, WIE ER IN EINEM KLEINEN FRANZÖSISCHEN CAFÉ SITZT UND EIN MALZBIER TRINKT... ER IST EMPÖRT...
GENAU GENOMMEN TRANKEN DIE UNERSCHROCKENEN FLIEGERASSE DES 1. WELTKRIEGS SEHR SELTEN MALZBIER...
NIE UND NIMMER WERDEN WIR WEIHNACHTEN ZU HAUSE SEIN! DIESER DUMME KRIEG WIRD EWIG DAUERN!
ICH GLAUB' ICH BRINGE DEN SOLDATEN MAL 'NE FLASCHE MALZBIER RÜBER... DIE JUNGS KÖNNEN JEDE AUFMUNTERUNG GEBRAUCHEN...
JETZT FÄNGT ES AUCH NOCH AN ZU SCHNEIEN...
HÖR' ICH RICHTIG? DIE SOLDATEN SINGEN WEIHNACHTSLIEDER?
12-24
DIE ARMEN KERLE MUNTERN SICH SELBER AUF! SIE BRAUCHEN MICH GAR NICHT!
UND PLÖTZLICH KONNTE DAS UNERSCHROCKENE FLIEGERASS DEM DRUCK UND DER LAST DER EINSAMKEIT DIESER TAGE NICHT MEHR STANDHALTEN... ES FOLGTE EIN SCHREI DER VERZWEIFLUNG...
UUUUAAAHH!!
WAS WAR DENN DAS?
LASS UNS LIEBER KEINE WEIHNACHTSLIEDER MEHR SINGEN...
WENN DU WEIT VON ZU HAUSE WEG BIST, KÖNNEN SIE SEHR DEPRIMIEREND WIRKEN...
MANCHMAL HAB' ICH WIRKLICH KEINEN SCHIMMER, WOVON ER REDET...
SCHULZ

24. Dezember 1967

25. Dezember 1969

DIE SIEBZIGER

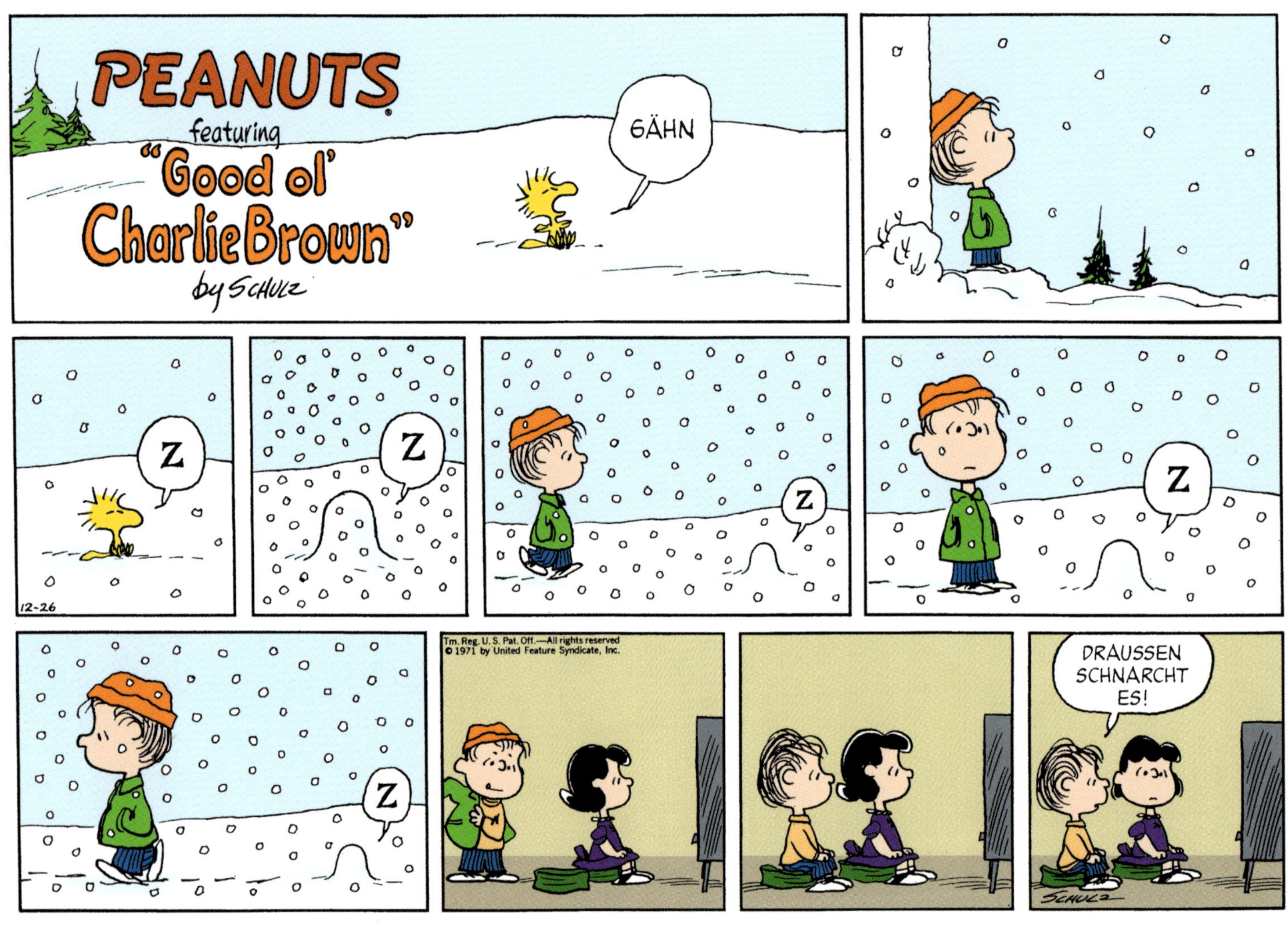
PEANUTS
featuring
"Good ol' Charlie Brown"
by SCHULZ
GÄHN
12-26
Z
Z
Z
Z
Z
Tm. Reg. U. S. Pat. Off.—All rights reserved
© 1971 by United Feature Syndicate, Inc.
DRAUSSEN SCHNARCHT ES!
SCHULZ

26. Dezember 1971

PEANUTS
ICH LIEBE DIE WEIH-NACHTSZEIT!

ICH SEH'S EINFACH GERN, WENN DIE LEUTE GESCHENKE KAUFEN UND IHRE HÄUSER SCHMÜCKEN. UND WEIH-NACHTSBÄUME MAG ICH BESONDERS!

12-18

ICH FINDE, JEDER SOLLTE EINEN WEIHNACHTSBAUM HABEN. SOGAR WOODSTOCK ...

Tm. Reg. U.S. Pat. Off.—All rights reserved
© 1972 by United Feature Syndicate, Inc.
SCHULZ

18. Dezember 1972

SALLY

Sally Brown, ein bisschen kindisch und ein bisschen schusslig, ist Charlie Browns kleine Schwester. Einen Großteil ihrer Zeit verbringt sie damit, sich Ausreden auszudenken, um nicht zur Schule zu müssen oder ihren Bruder zu überlisten, damit er ihre Hausaufgaben für sie erledigt. Oder sie läuft ihrer unglücklichen Liebe Linus hinterher. Immer leicht verwirrt, schreibt sie schon mal einen Aufsatz mit dem Titel »Der Weihnachtsmann und seine Renn-Tiere« oder bedankt sich bei der falschen Großmutter für die Weihnachtsgeschenke.

„AM KAMINSIMS
DIE SOCKEN DER KINDER
SCHON HINGEN, IN DER
HOFFNUNG JACK NICKLAUS
WÜRD' BALD DIE
GESCHENKE BRINGEN ..."

PEANUTS
DAS GANZE IST DOCH EIN IRRSINN!

DENK NUR MAL AN DIE WEIHNACHTSSOCKEN ...

WAS, WENN DU SIE AUFHÄNGST, UND DER WEIHNACHTSMANN ÜBERSIEHT SIE EINFACH?!

ICH PERSÖNLICH GEH' DA KEIN RISIKO EIN ...
Tm. Reg. U. S. Pat. Off.—All rights reserved ©1973 by United Feature Syndicate, Inc.
SCHULZ
12-22

22. Dezember 1973

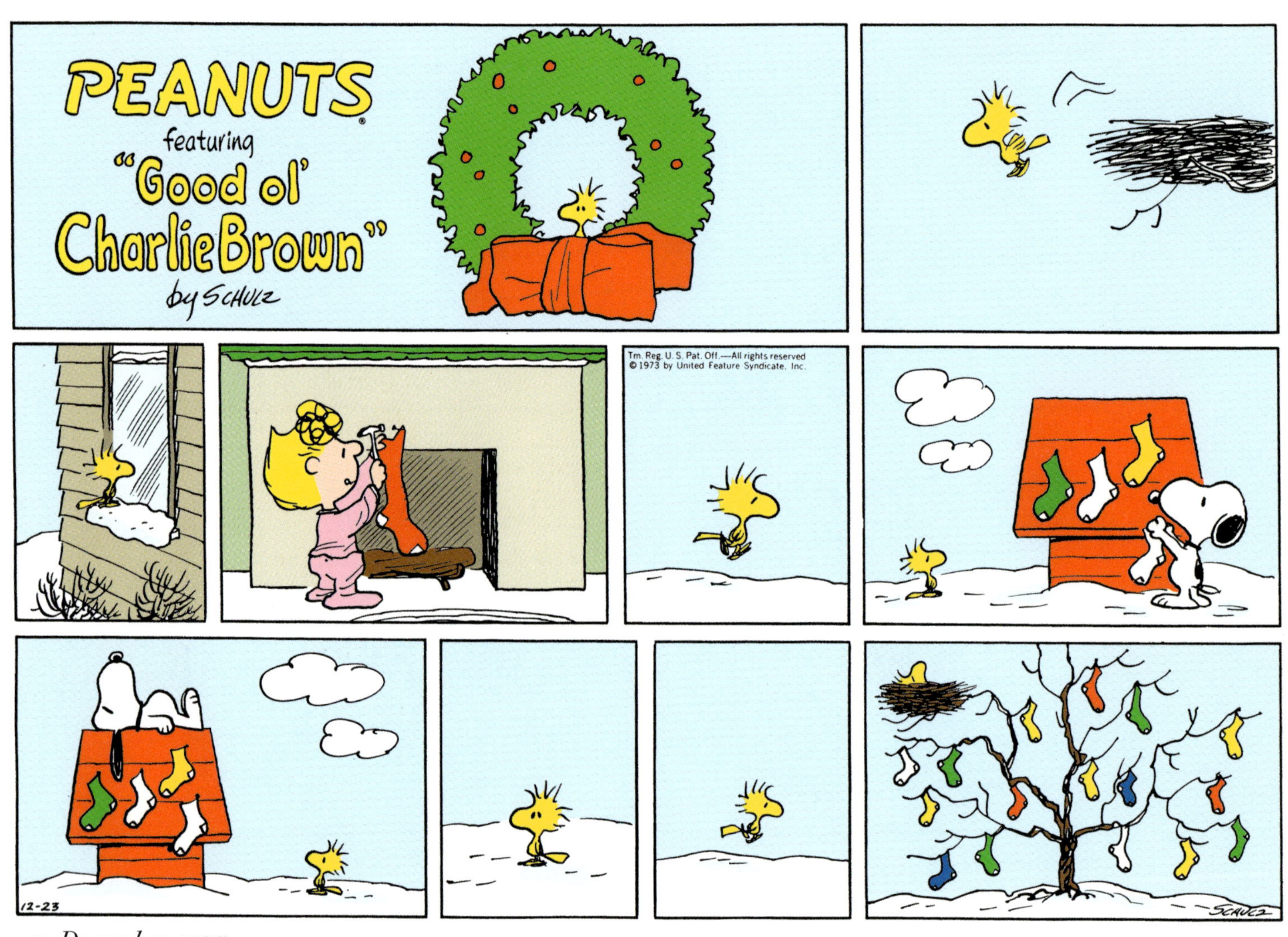

23. Dezember 1973

PEANUTS
FROHE WEIHNACHTEN, MEIN LIEBER KLEINER FREUND!
Tm. Reg. U.S. Pat. Off.—All rights reserved
©1973 by United Feature Syndicate, Inc.

WEIHNACHTEN IST EINE GUTE ZEIT FÜR UNSEREINS...

WEIHNACHTEN IST DAS FEST DER UNSCHULDIGEN...
12-25

UND WIR SIND SCHLIESSLICH SO UNSCHULDIG WIE SONST WAS...
SCHULZ

25. Dezember 1973

PEANUTS
An Herrn Claus
c/o Nordpol

Lieber Joe,

JOE?
Tm Reg U S Pat Off – All rights reserved
© 1976 by United Feature Syndicate Inc

ER MAG'S NICHT,
WENN MAN IHN
„SANTA" NENNT!
SCHULZ
12-10

10. Dezember 1976

PEANUTS
VOILA! EIN SCHNEEMANN, DER AUF DEM KOPF STEHT!
1-6

DAS IST COOL!

ALLZU LANGE HÄLT ER DAS ABER NICHT AUS...

SONST STEIGT IHM DER GANZE SCHNEE IN DEN KOPF!
SCHULZ

6. Dezember 1975

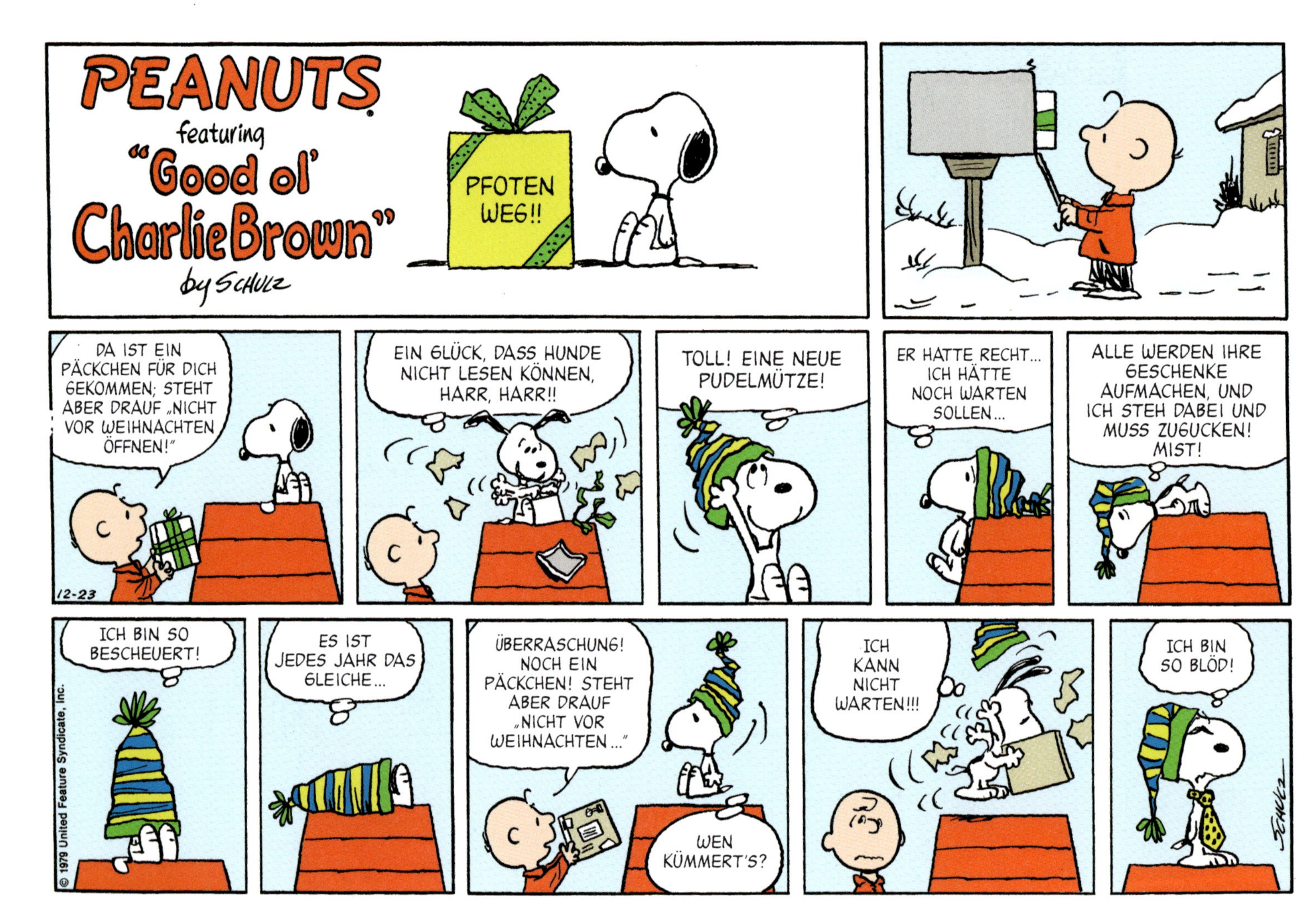
PEANUTS
featuring
"Good ol' CharlieBrown"
by SCHULZ
PFOTEN WEG!!
DA IST EIN PÄCKCHEN FÜR DICH GEKOMMEN; STEHT ABER DRAUF „NICHT VOR WEIHNACHTEN ÖFFNEN!"
12-23
EIN GLÜCK, DASS HUNDE NICHT LESEN KÖNNEN, HARR, HARR!!
TOLL! EINE NEUE PUDELMÜTZE!
ER HATTE RECHT... ICH HÄTTE NOCH WARTEN SOLLEN...
ALLE WERDEN IHRE GESCHENKE AUFMACHEN, UND ICH STEH DABEI UND MUSS ZUGUCKEN! MIST!
ICH BIN SO BESCHEUERT!
© 1979 United Feature Syndicate, Inc.
ES IST JEDES JAHR DAS GLEICHE...
ÜBERRASCHUNG! NOCH EIN PÄCKCHEN! STEHT ABER DRAUF „NICHT VOR WEIHNACHTEN..."
WEN KÜMMERT'S?
ICH KANN NICHT WARTEN!!!
ICH BIN SO BLÖD!
SCHULZ

23. Dezember 1979

PEANUTS
DA KOMMT WOODSTOCK...
12-25

HAT KEINE AHNUNG, DASS ICH EIN GESCHENK FÜR IHN HABE...

ER WIRD NICHT SCHLECHT STAUNEN, WENN ICH IHM DIESE ZUCKERSTANGE AN DIE NASE HÄNGE...

SCHULZ

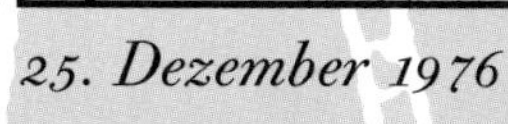
25. Dezember 1976

HAST DU DEIN SANDWICH GANZ VERPUTZT?
SO ZIEMLICH
12-24
ICH HOFFE, DU HAST FÜR DIE VÖGEL EIN BISSCHEN KRUSTE ÜBRIG GELASSEN...
SELBST-VERSTÄNDLICH!
© 1977 United Feature Syndicate, Inc.
MERRY CHRISTMAS
SCHULZ

24. Dezember 1977

PEANUTS
featuring
"Good ol' Charlie Brown"
by SCHULZ
GÄHN
Z
© 1978 United Feature Syndicate, Inc.
DER REIHE NACH! ZU ALLERERST SOLLTEN WIR EINEN BLICK IN DEINE HAUSRATSVERSICHERUNG WERFEN ...
1-22
SCHULZ

22. Januar 1978

ICH SCHREIBE EINEN AUFSATZ FÜR DIE SCHULE
© 1978 United Feature Syndicate, Inc.

ES GEHT UM DEN WEIHNACHTSMANN UND SEINE RENN-TIERE

IRGENDWAS STIMMT DA NICHT...
WAS SOLL DA NICHT STIMMEN?

BIN GESPANNT, OB AUCH EIN WETTBÜRO DRIN VORKOMMT...
WAS HAST DU GESAGT?
SCHULZ
12-18

18. Dezember 1978

„HIER NUN MEIN AUFSATZ „DER WEIHNACHTSMANN UND SEINE RENN-TIERE..."
© 1978 United Feature Syndicate, Inc.

„ALS DER WEIHNACHTSMANN DEN NORDPOL VERLIESS, WAR ES SCHON REICHLICH SPÄT..."
12-19

„... MIT HILFE SEINER TREUEN RENN-TIERE MACHTE ER SICH EILIG AUF ZU SEINER JÄHRLICHEN REISE..."

„ES WAR JA BEREITS WEIHNACHTEN, UND DIE KINDER DER WELT WARTETEN AUF DAS VERTRAUTE GERÄUSCH, DAS IHN UND SEINE RENN-TIERE ANKÜNDIGT..."
SCHULZ

19. Dezember 1978

„AUCH DER KLEINE GEORGE WARTETE AUF DEN WEIH-NACHTSMANN."
© 1978 United Feature Syndicate, Inc.

„PLÖTZLICH HÖRTE ER EIN GERÄUSCH AUF DEM DACH! ES SCHIEN VON EINEM MANN UND MEHREREN RENN-TIEREN ZU KOMMEN!"
12-20

„ER IST DA!, RIEF GEORGE. DER WEIHNACHTSMANN MIT SEINEN RENN-TIEREN..."

NICHT SO UNRUHIG, FRAU LEHRERIN. ES GEHT NOCH WEITER...
SCHULZ

20. Dezember 1978

„ES WAR SCHON SPÄT IN DER NACHT."
© 1978 United Feature Syndicate, Inc.

„ABER DER MANN MIT DEN SCHNELLEN RENN-TIEREN MUSSTE KEIN EINZIGES KIND ENTTÄUSCHEN..."
12-21

„ALS DER WEIHNACHTSABEND DANN ZU ENDE GING, HATTE ER MIT HILFE SEINER RENN-TIERE WIEDER MAL GANZE ARBEIT GELEISTET! ENDE."

HA HA HA HA!
HA HA!
HA HA!
SCHULZ

21. Dezember 1978

WOODSTOCK

Ob er nun gerade sein Hockey-Team im Vogelbad spielen lässt oder ob er für Snoopy die Schreibmaschine bedient: Woodstock ist ein umtriebiger kleiner Vogel. Er spricht ausschließlich »Birdspeak«, eine komplizierte Sprache aus Apostrophen und Gesten, mit der er problemlos seine Freude, aber auch seinen Ärger zum Ausdruck bringen kann.
Er schenkt Snoopy schon mal eine Portion Vogelfutter zu Weihnachten, und oft – wenn er bei Schneefall zu lange draußen sitzt – ist von ihm nicht mehr zu sehen als eine kleine Wölbung in der Schneedecke. Aber vor allem ist er Snoopys bester Freund und besitzt ein größeres Herz und mehr Güte als irgend jemand in seiner Gewichtsklasse.

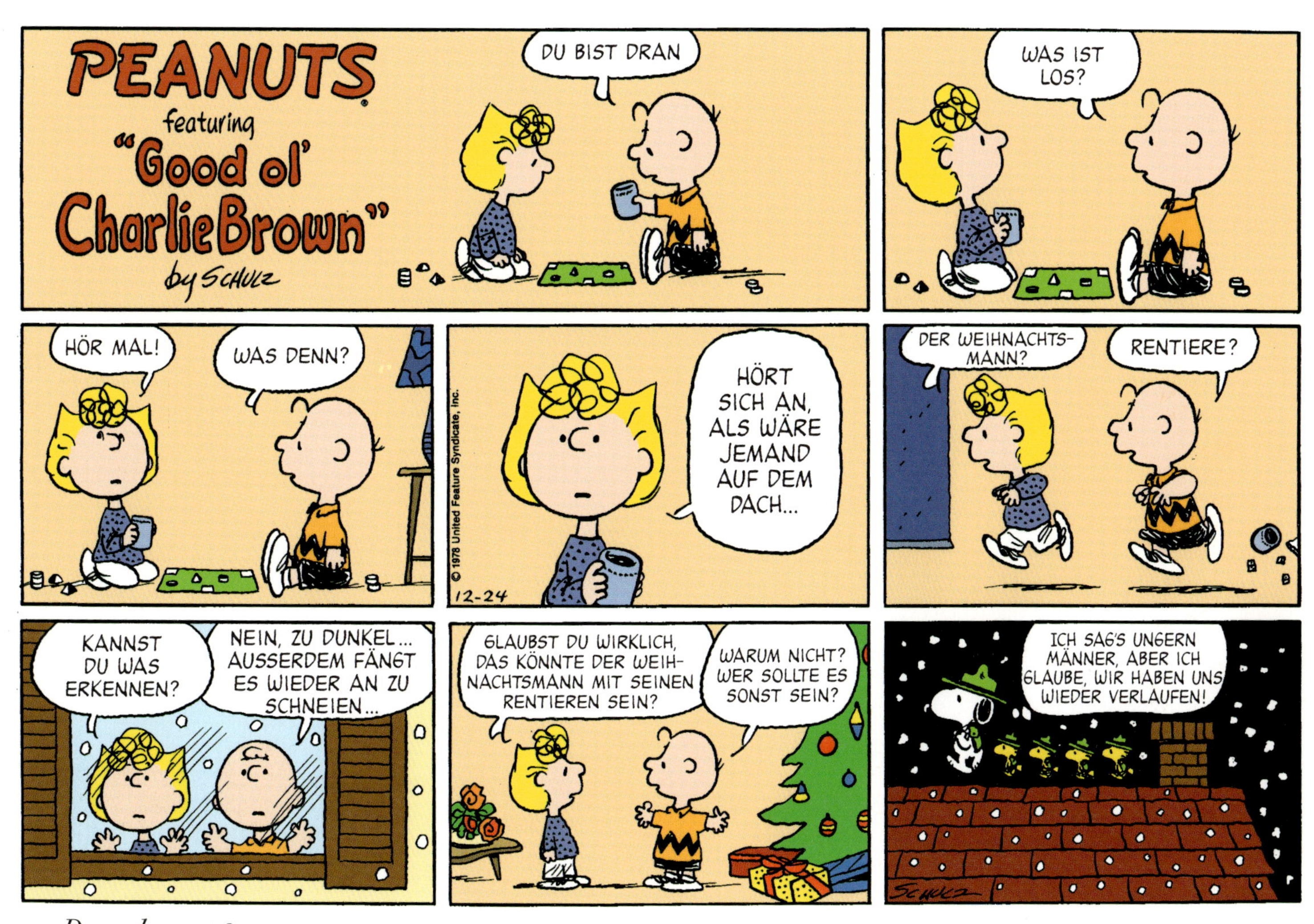
PEANUTS
featuring
"Good ol' CharlieBrown"
by SCHULZ
DU BIST DRAN
WAS IST LOS?
HÖR MAL!
WAS DENN?
© 1978 United Feature Syndicate, Inc.
12-24
HÖRT SICH AN, ALS WÄRE JEMAND AUF DEM DACH...
DER WEIHNACHTS-MANN?
RENTIERE?
KANNST DU WAS ERKENNEN?
NEIN, ZU DUNKEL... AUSSERDEM FÄNGT ES WIEDER AN ZU SCHNEIEN...
GLAUBST DU WIRKLICH, DAS KÖNNTE DER WEIH-NACHTSMANN MIT SEINEN RENTIEREN SEIN?
WARUM NICHT? WER SOLLTE ES SONST SEIN?
ICH SAG'S UNGERN MÄNNER, ABER ICH GLAUBE, WIR HABEN UNS WIEDER VERLAUFEN!
SCHULZ

24. Dezember 1978

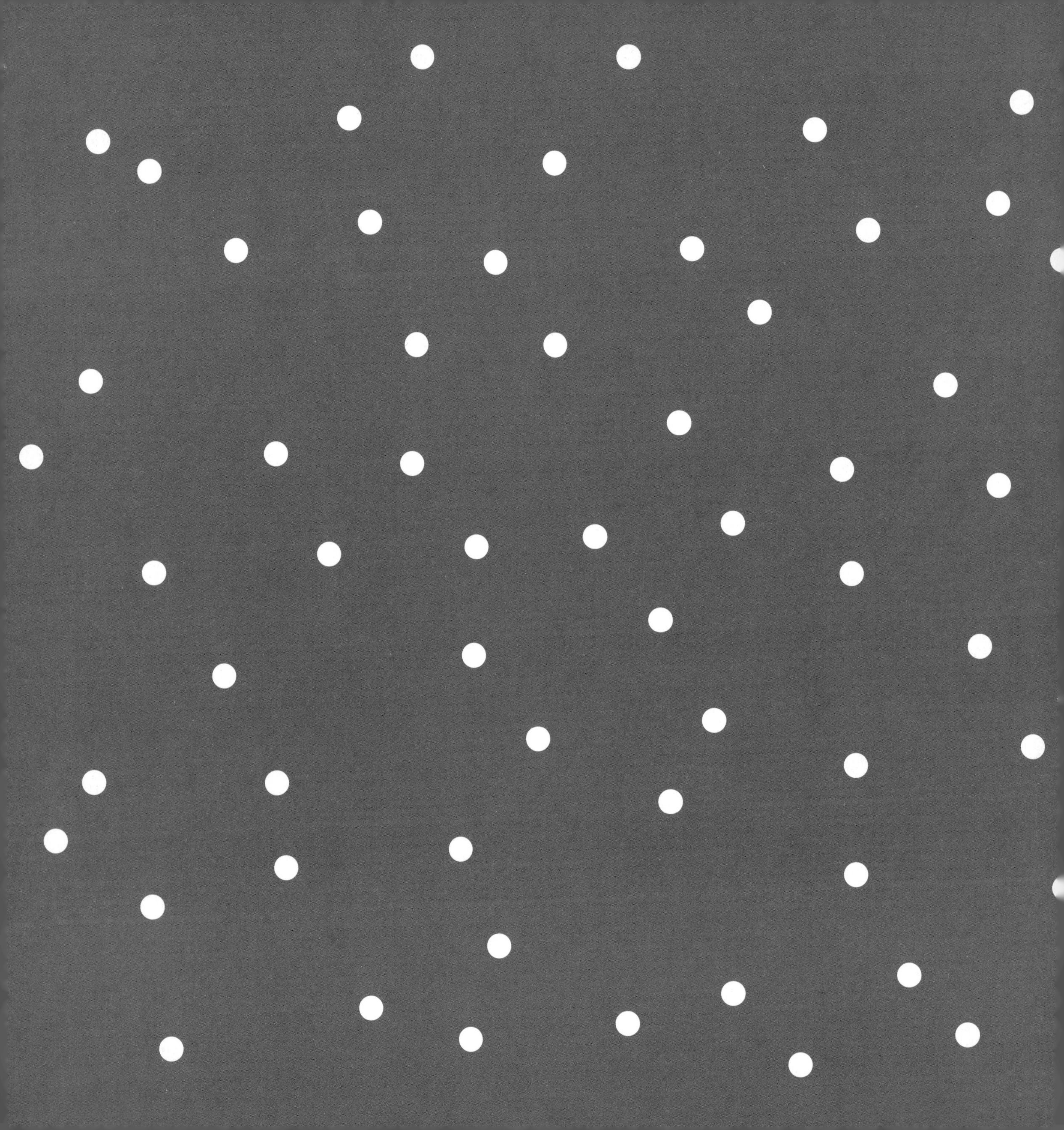

DIE ACHTZIGER

RICHTIG... ES GIBT NICHTS SCHÖNERES IM LEBEN, ALS IN DEN WALD ZU GEHEN UND SICH SEINEN CHRISTBAUM SELBER ZU FÄLLEN...
12-17

AUCH RICHTIG... ES MACHT KEINEN SINN, GLEICH DEN ERSTBESTEN ZU NEHMEN...
© 1980 United Feature Syndicate, Inc.

17. Dezember 1980

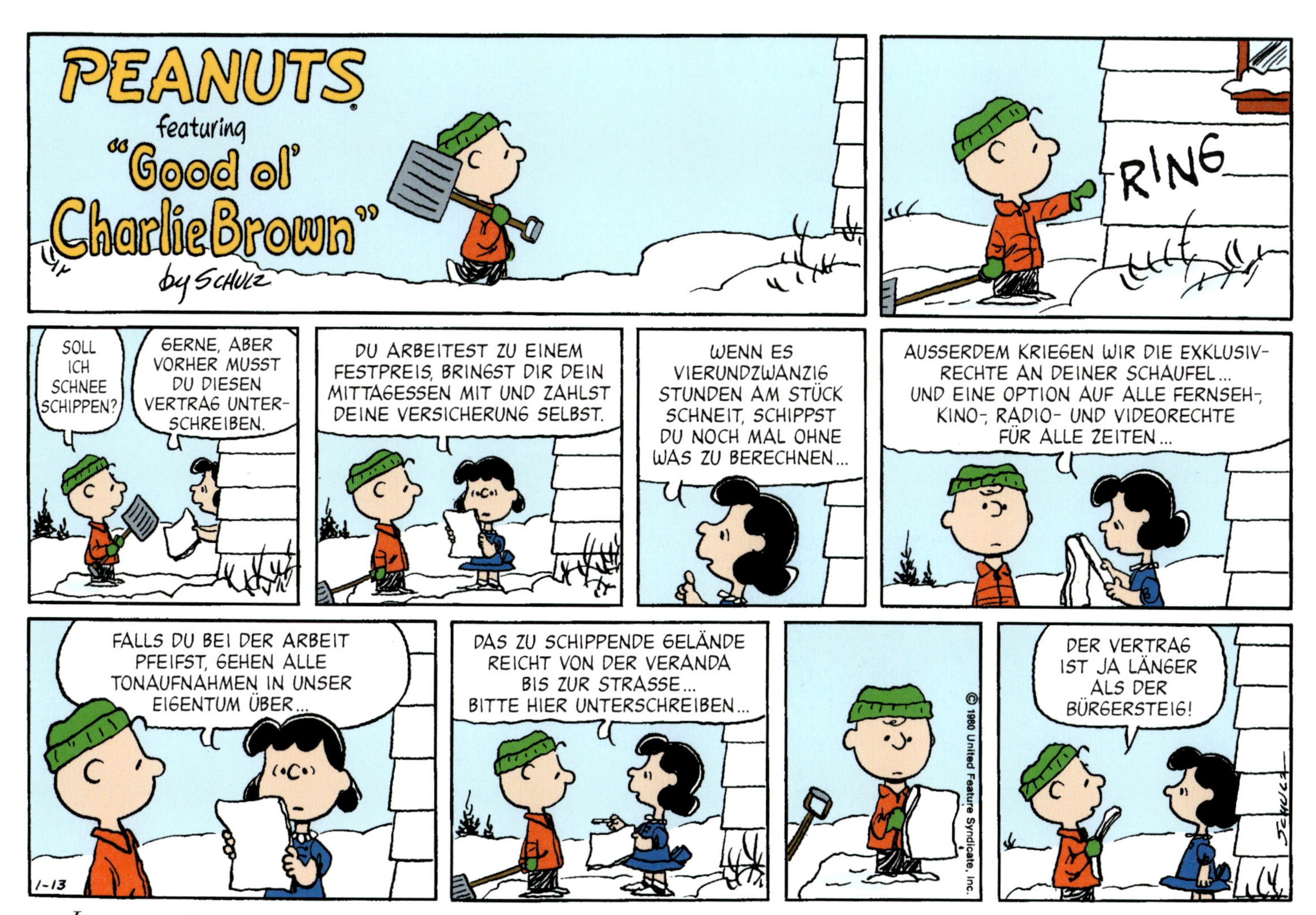
PEANUTS
featuring
"Good ol' Charlie Brown"
by SCHULZ
RING
SOLL ICH SCHNEE SCHIPPEN?
GERNE, ABER VORHER MUSST DU DIESEN VERTRAG UNTERSCHREIBEN.
DU ARBEITEST ZU EINEM FESTPREIS, BRINGST DIR DEIN MITTAGESSEN MIT UND ZAHLST DEINE VERSICHERUNG SELBST.
WENN ES VIERUNDZWANZIG STUNDEN AM STÜCK SCHNEIT, SCHIPPST DU NOCH MAL OHNE WAS ZU BERECHNEN...
AUSSERDEM KRIEGEN WIR DIE EXKLUSIVRECHTE AN DEINER SCHAUFEL... UND EINE OPTION AUF ALLE FERNSEH-, KINO-, RADIO- UND VIDEORECHTE FÜR ALLE ZEITEN...
FALLS DU BEI DER ARBEIT PFEIFST, GEHEN ALLE TONAUFNAHMEN IN UNSER EIGENTUM ÜBER...
1-13
DAS ZU SCHIPPENDE GELÄNDE REICHT VON DER VERANDA BIS ZUR STRASSE... BITTE HIER UNTERSCHREIBEN...
© 1980 United Feature Syndicate, Inc.
DER VERTRAG IST JA LÄNGER ALS DER BÜRGERSTEIG!
SCHULZ

13. Januar 1980

HIER IST DEINE WEIHNACHTSÜBERRASCHUNG... EINE GANZE SCHÜSSEL SCHOKOKEKSE...

WOW!

ICH HOFFE, DU ISST SIE NICHT ALLE AUF EINMAL...
© 1985 United Feature Syndicate, Inc.

12-25
WAS HAT ER GESAGT?
SCHULZ

25. Dezember 1985

© 1980 United Feature Syndicate, Inc.
LIEBER JOE CLAUS,
12-13
„SANTA"
WAS?
ER HEISST „SANTA", NICHT „JOE"
SAH MIR GLEICH SO KOMISCH AUS...
SCHULZ

13. Dezember 1980

SCHROEDER

Das Wunderkind mit dem Spielzeugklavier verehrt Beethoven über alles – und interessiert sich für kaum etwas anderes. Schon gar nicht für Lucy und ihre Mistelzweig-Attacken, weshalb er einen Großteil der Weihnachtszeit damit verbringt, beidem aus dem Weg zu gehen. Sein Lieblingsfeiertag ist Beethovens Geburtstag. Schroeders herausragende musikalische Begabung macht ihn zu einem unverzichtbaren Bestandteil jeder Schulaufführung.

„ICH HAB' MICH INS THEMA WINTER VERTIEFT."

ICH WÜSSTE GERNE, WAS DU DAVON HÄLTST?

ICH HAB'S SELBER KOMPONIERT.
© 1981 United Feature Syndicate, Inc.
12-18

HÜBSCH! ICH MAG WEIHNACHTSMUSIK ...
SCHULZ

18. Dezember 1981

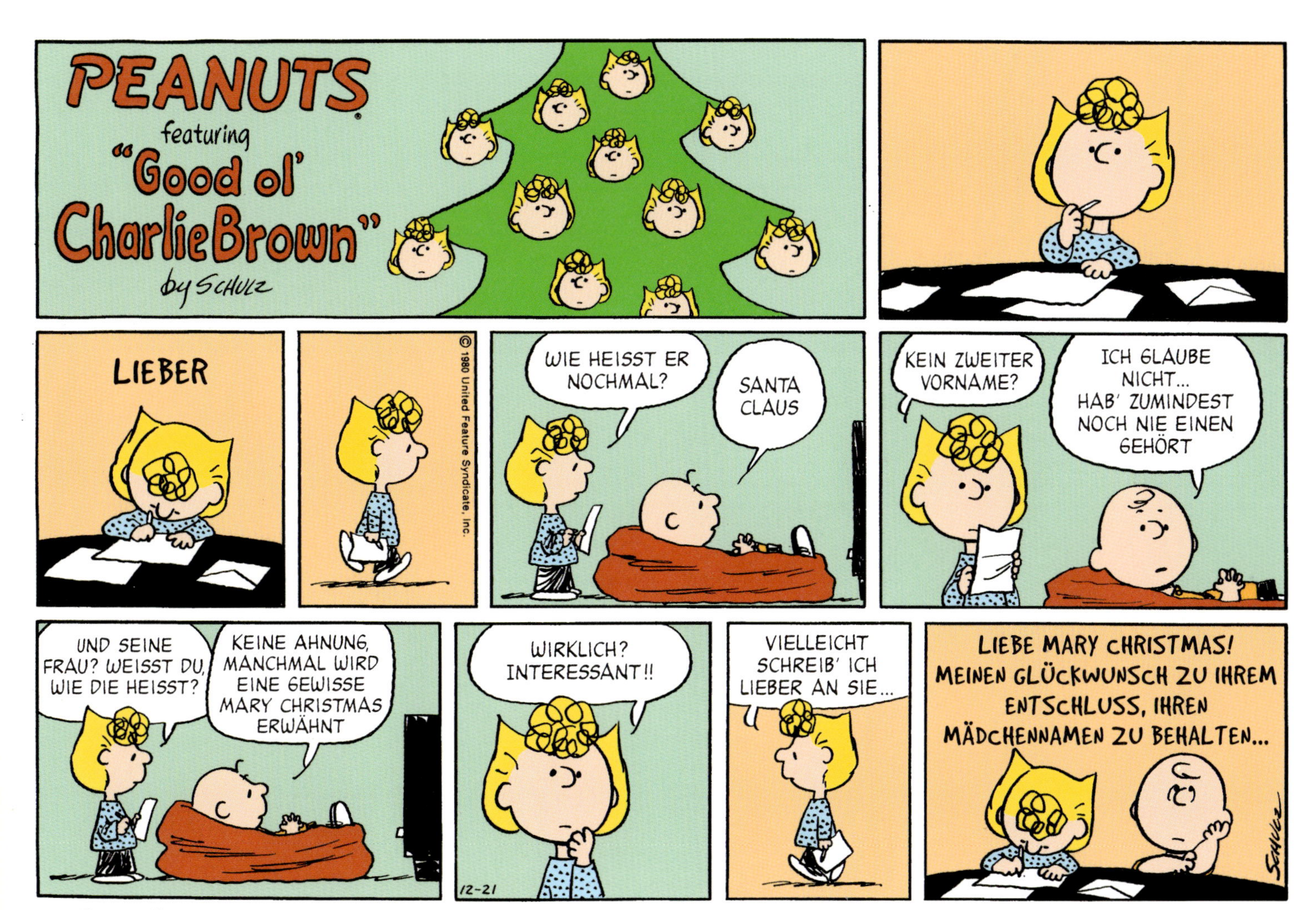
PEANUTS
featuring
"Good ol' Charlie Brown"
by SCHULZ
LIEBER
© 1980 United Feature Syndicate, Inc.
WIE HEISST ER NOCHMAL?
SANTA CLAUS
KEIN ZWEITER VORNAME?
ICH GLAUBE NICHT... HAB' ZUMINDEST NOCH NIE EINEN GEHÖRT
UND SEINE FRAU? WEISST DU, WIE DIE HEISST?
KEINE AHNUNG, MANCHMAL WIRD EINE GEWISSE MARY CHRISTMAS ERWÄHNT
WIRKLICH? INTERESSANT!!
12-21
VIELLEICHT SCHREIB' ICH LIEBER AN SIE...
LIEBE MARY CHRISTMAS! MEINEN GLÜCKWUNSCH ZU IHREM ENTSCHLUSS, IHREN MÄDCHENNAMEN ZU BEHALTEN...
SCHULZ

21. Dezember 1980

PEANUTS
featuring
"Good ol' Charlie Brown"
by SCHULZ
KOMM ... ICH ZEIG'S DIR

WIR HABEN GLÜCK
?

KUCK, DU SIEHST SOGAR NOCH DIE SCHLITTENSPUREN IM SCHNEE ...

UND DIE HUFABDRÜCKE VON DEN RENTIEREN, SIEHST DU ... GENAU DA ...

UND HIER HÖREN SIE PLÖTZLICH AUF ... DAS IST WAHRSCHEINLICH DIE STELLE, WO SIE ABGEHOBEN SIND ...

AN HEILIGABEND IST ER UM DIE GANZE WELT GEFLOGEN, UND HAT GESCHENKE FÜR DIE KINDER IN DIE SCHORNSTEINE GEWORFEN.
© 1982 United Feature Syndicate, Inc.
12-26

NEIN ... FÜR VÖGEL NICHT ... FÜR HUNDE AUCH NICHT ... HUNDE UND VÖGEL ZÄHLEN NICHT, WIR SIND WENIGER ALS NICHTS ...

EINEN UNSCHULDIGEN KLEINEN VOGEL UND EINEN TREUEN HUND VERGISST ER EINFACH.

RUMMS
RUMMS

ABER NICHT IMMER!
SCHULZ

26. Dezember 1982

LIEBER
SANTA CLAUS,
© 1984 United Feature Syndicate, Inc.
12-10

HAT SANTA CLAUS EINEN TITEL ODER DIENSTGRAD?

ICH WEISS NICHT… HAB NOCH NIE DRÜBER NACHGEDACHT…

ICH SCHREIB' EINFACH OBERSTLEUTNANT
SCHULZ

10. Dezember 1984

DAS IST DER TEXT, DEN ICH IM WEIHNACHTSSTÜCK SPRECHEN SOLL... HÖRST DU MICH AB?
© 1983 United Feature Syndicate, Inc.

HÖRT! HÖRT!

12-19
PERFEKT!

WIE SICH DIESE SCHAUSPIELER NUR IMMER DEN GANZEN TEXT MERKEN KÖNNEN...
SCHULZ

19. Dezember 1983

PEANUTS
featuring
"Good ol' Charlie Brown"
by Schulz
DA KOMMT ER NIE DRAUF...
ÜBER-RASCHUNG!
NA LOS! MACH SCHON AUF!
?
12-25
ES IST EIN NEUES NEST! FRÖHLICHE WEIH-NACHTEN!
!
© 1983 United Feature Syndicate, Inc.
GAR NICHT SO EINFACH, DIR WAS ZU SCHENKEN...
ES SOLLTE DIESMAL ETWAS GANZ AUS-GEFALLENES SEIN...
ICH WOLLTE DIR WAS SCHENKEN, WAS DIR NOCH NIE JEMAND GE-SCHENKT HAT...
SEUFZ
SCHULZ

25. Dezember 1983

PEANUTS
featuring
"Good ol' CharlieBrown"
by SCHULZ
12-20
© 1981 United Feature Syndicate, Inc.
HE!
SCHULZ

20. Dezember 1981

SNOOPY

Fliegerass im Ersten Weltkrieg? Routinierter Schriftsteller? Tennisprofi? Trickbetrüger? Snoopy ist und kann alles! Er hat eine Schwäche für Malzbier und Pizza und konsumiert gelegentlich so viel davon, dass er die Nacht – von Magengrimmen gebeutelt – auf dem Dach seiner Hütte durchwachen muss. Er kümmert sich vorbildlich um seinen besten Freund, Woodstock und die beiden vergessen nie, sich zu Weihnachten zu beschenken. Snoopy ist ein echter Allround-Beagle.

„JEMAND, DER MIT EINER BANDE VON RENTIEREN UND EINEM SCHLITTEN VON HAUS ZU HAUS FLIEGT, KANN EIGENTLICH NICHT GANZ RICHTIG IM KOPF SEIN!"

12-7

DU SPINNST!
DER PASST DOCH NIE
IN DEINE HÜTTE!
© 1985 United Feature Syndicate,Inc.

WAS SOLL'S?

ICH MAG GROSSE BÄUME!
SCHULZ

7. Dezember 1985

21. Dezember 1989

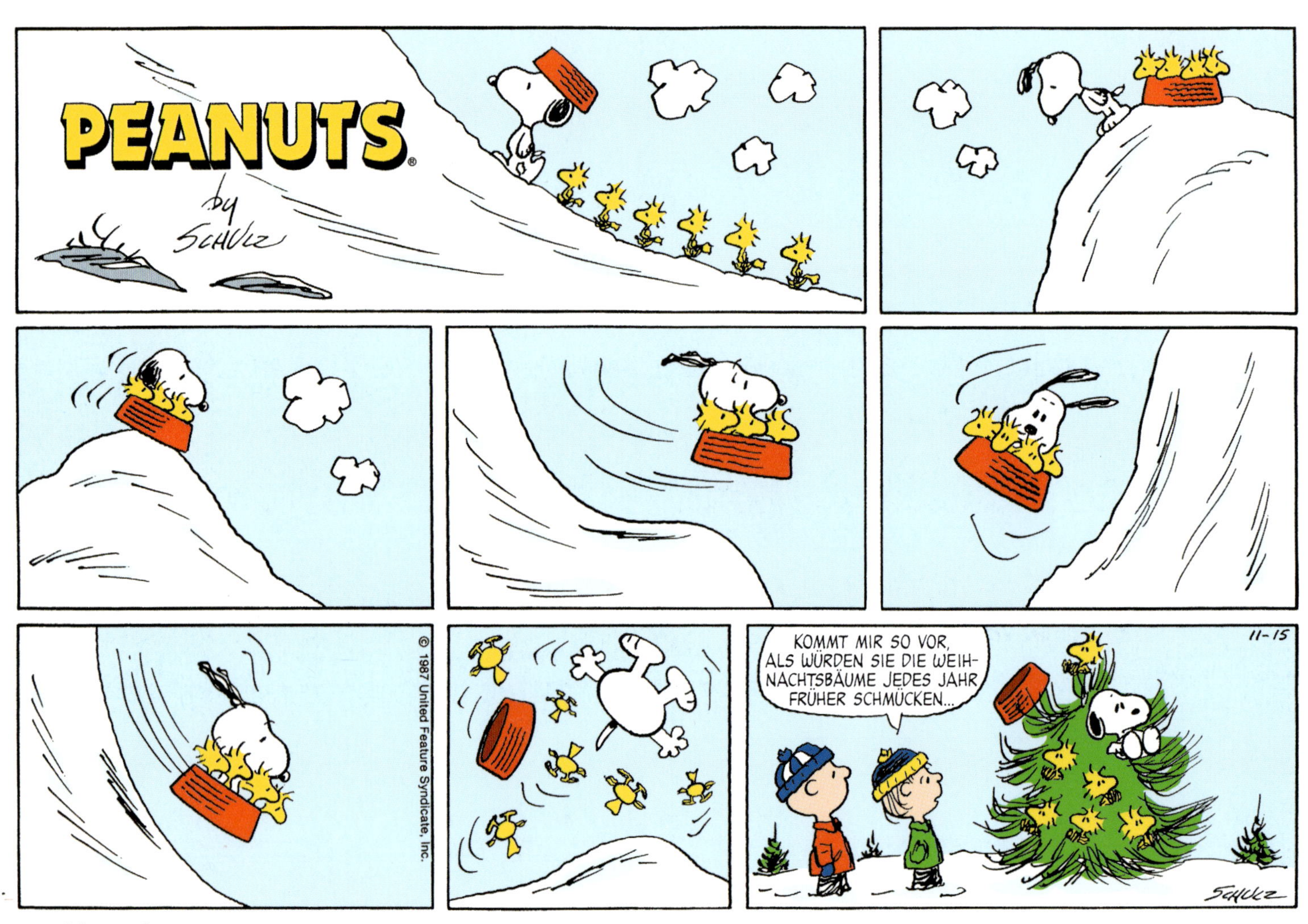
PEANUTS
by SCHULZ
© 1987 United Feature Syndicate, Inc.
11-15
KOMMT MIR SO VOR, ALS WÜRDEN SIE DIE WEIHNACHTSBÄUME JEDES JAHR FRÜHER SCHMÜCKEN...
SCHULZ

15. November 1987

Lieber Weihnachtsmann, ich hoffe, du bekommst diesen Brief noch rechtzeitig …
12-13
© 1986 United Feature Syndicate,Inc.

… es gibt da eine Sache, die mir Sorgen macht …

Wenn du die Geschenke in meine Socke tust …

… pass bitte auf dich auf! Grüße, Spike
SCHULZ

13. Dezember 1986

MARCIE

Marcie ist das genaue Gegenteil ihrer Freundin Peppermint-Patty. Sie sprüht vor Intelligenz und gesundem Menschenverstand und mit Sport hat sie nicht das Geringste am Hut. Sie nennt Peppermint-Patty hartnäckig und trotz aller Proteste »Sir« und weicht nur ungern von ihrer Seite. Obwohl sie auf dem Baseball-Platz eigentlich wenig zu suchen hat, ist sie meistens mittendrin und findet immer wieder eine Gelegenheit, sich nützlich zu machen. Zum Beispiel im Weihnachtsstück in der Rolle der Maria.

„MEINE FAMILIE SAGT,
AN DEN WEIHNACHTSMANN
KANN ICH RUHIG GLAUBEN,
ABER NICHT AN
DEN GROSSEN KÜRBIS!"

PEANUTS
by SCHULZ
MEIN KOPF IST LEER!
ICH BIN VERLOREN!

FRAG' MICH, OB LAURENCE OLIVIER SO WAS AUCH PASSIERT?

MARCIE, ICH HAB' MEINEN TEXT VERGESSEN!
SIE SIND EIN SCHAF, SIR... ALLES WAS SIE SAGEN MÜSSEN IST „BÄÄH!"

DAS KANN ICH MIR NIE MERKEN! WARUM MÜSSEN SIE UNS MIT DIESEM THEATER IMMER WIEDER WEIHNACHTEN RUINIEREN?
WIR SIND DRAN, SIR! LOS, ZEIGEN WIR'S IHNEN!

„... UND ES WAREN SCHÄFER IN DEM LAND, DIE IM FELDE LAGERTEN UND IN DER NACHT ÜBER IHRE HERDEN WACHTEN ..."

WUFF! MIAU! MUUH! WAS AUCH IMMER!

HAHAHAHA
HA HA
© 1988 United Feature Syndicate, Inc.

„LEISE RIESELT DER SCHNEE..."
SCHULZ
12-25

25. Dezember 1988

IMMER WIEDER EIN GUTES GEFÜHL, DEM WEIHNACHTSMANN AN DER ECKE 'NE KLEINE SPENDE ZU GEBEN...
FIND ICH AUCH
12-20
© 1989 United Feature Syndicate, Inc.

20. Dezember 1989

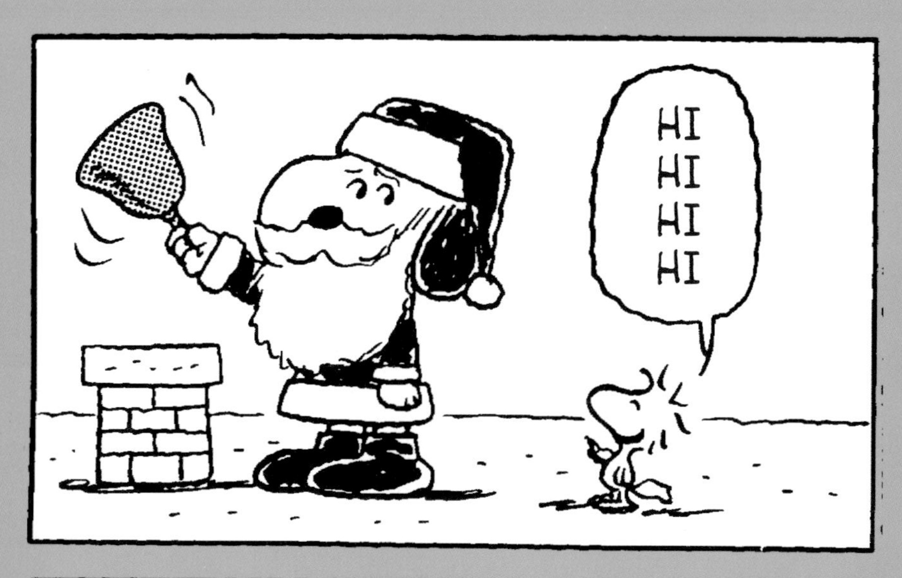
HI
HI
HI
HI

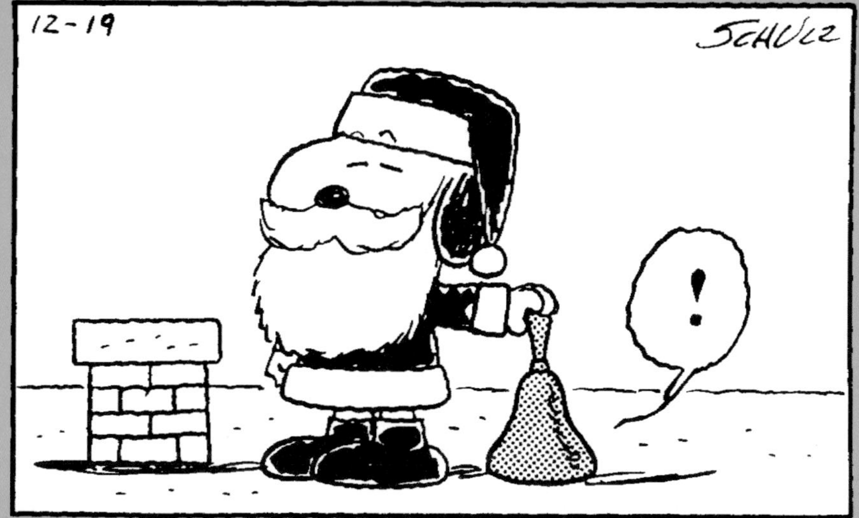
12-19
SCHULZ
!

19. Dezember 1989

HE, DU DA ... WAS TREIBST DU IN UNSEREM GARTEN?!
12-19
© 1986 United Feature Syndicate, Inc.

DU HAST DOCH HOFFENTLICH NICHT VOR, UNSEREN BAUM ZU FÄLLEN ODER SO?
ICH WEISS GAR NICHT, WIE DAS GEHT...

UND WENN ER EINFACH UMFÄLLT?
HA! WENN ER UMFÄLLT GEHÖRT ER DIR!

RUMMS!
GUT, ICH NEHM' IHN!
SCHULZ

19. Dezember 1986

PEANUTS
by SCHULZ
NICHTS WIRD'S GEBEN...

NICHT FÜR UNS!

WIR SOLLTEN ALLE HOFFNUNG SAUSEN LASSEN...

WIR SIND WENIGER ALS NICHTS...

DER FEINE HERR WEIHNACHTSMANN HAT MIT GESCHÖPFEN WIE UNS NICHTS AM HUT...

UNS ZWEI HAT DER NICHT AUF DEM ZETTEL. BEFÜRCHTE, ER WEISS NICHT MAL, DASS ES UNS GIBT...

?

© 1989 United Feature Syndicate, Inc.

DAS GLAUB' ICH NICHT!

UND 'NE KARTE KOMMT AUCH NOCH!

„FRÖHLICHE WEIHNACHTEN VOM NEUEN, VERBESSERTEN WEIHNACHTSMANN!"
SCHULZ
12-24

24. Dezember 1989

PSST, GROSSER BRUDER ... ICH WECK' DICH UNGERN AN HEILIGABEND, ABER ICH BRAUCH' DEINEN RAT ...

© 1985 United Feature Syndicate, Inc. 12-24

ICH HAB' SCHON TIEF GESCHLAFEN, ABER PLÖTZLICH SIND LAUTER DOMINOSTEINE VOR MEINEN AUGEN RUMGETANZT!

WAS SIND DOMINOSTEINE?
AUSSEN SCHOKO, INNEN BISKUIT UND MARZIPAN ...

GOTT SEI DANK! ICH DACHTE SCHON, ICH WERDE VERRÜCKT!

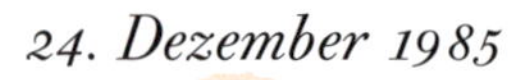
24. Dezember 1985

22. Dezember 1989

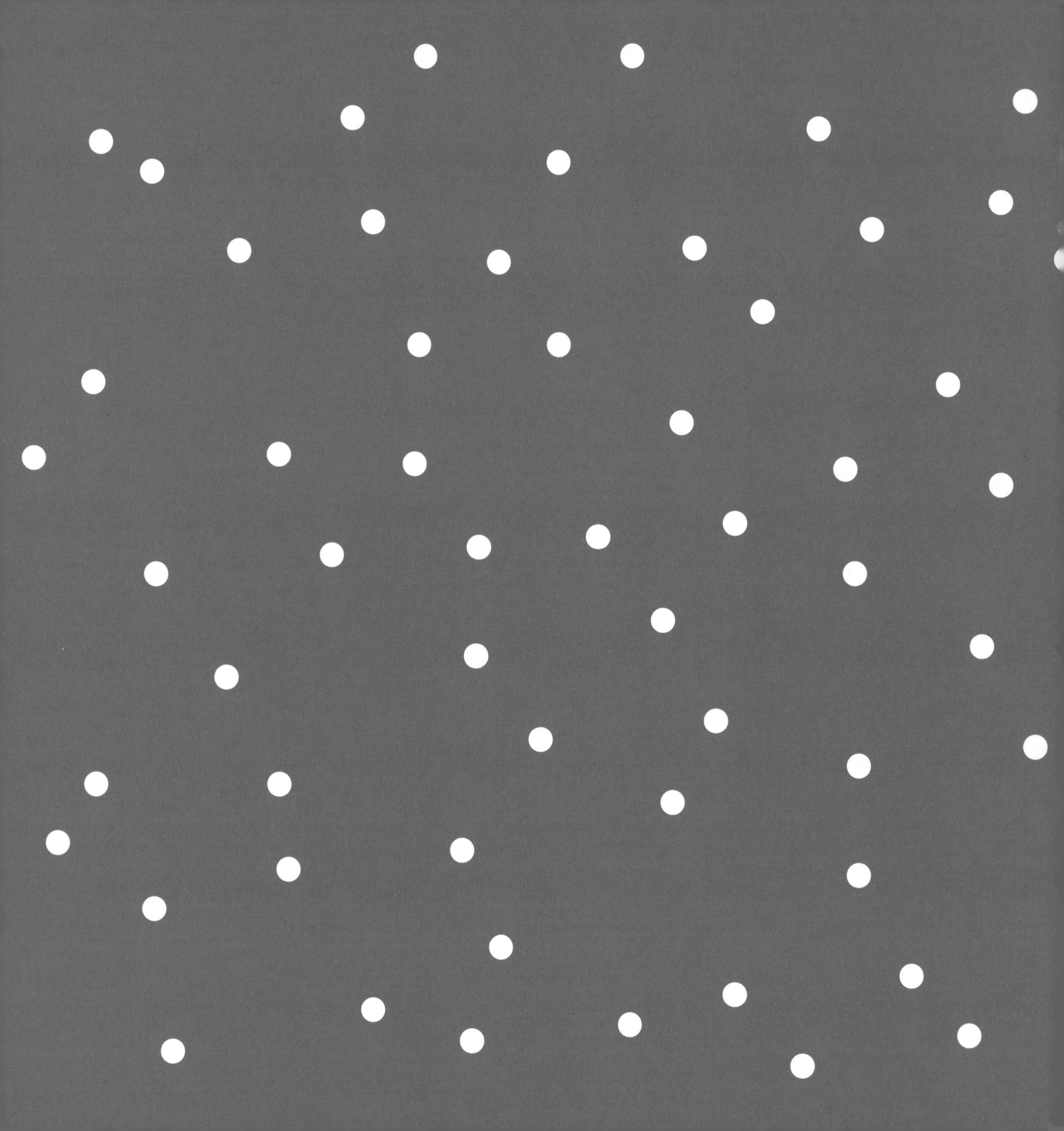

DIE NEUNZIGER

PSST! GROSSER BRUDER! BIST DU WACH?
11-29

JETZT SCHON!
ICH BRAUCH' FÜNF DOLLAR!

FÜNF DOLLAR?!
FÜR BRIEFMARKEN... FÜR MEINE WEIHNACHTSKARTEN...
© 1995 United Feature Syndicate, Inc.

WO SOLL ICH FÜNF DOLLAR HER NEHMEN?
ICH KOMM MORGEN FRÜH WIEDER. VIELLEICHT BIST DU DANN BESSER GELAUNT...
SCHULZ

29. November 1995

SO! MEINE WEIHNACHTSKARTEN SIND IM KASTEN!

ICH DACHTE, DU HAST KEINE BRIEFMARKEN...
11-30
© 1995 United Feature Syndicate, Inc.

ICH HAB' MIR WELCHE GEZEICHNET... DICK TRACY HAB' ICH GEMALT, POPEYE UND THE YELLOW KID*...
DAS IST ILLEGAL
BRAUCHT HIER JEMAND EINEN ANWALT?
SCHULZ

30. November 1995

Anm. d. Ü.: Comic-Figur des amerikanischen Zeichners Richard Outcault, erstmals erschienen 1896 in THE NEW YORK WORLD.

MEINE WEIHNACHTS-KARTEN SIND ZURÜCKGEKOMMEN!
12-1

KLAR, WEIL DU DIE BRIEFMARKEN SELBST GEZEICHNET HAST!

ABER ICH HAB' DIE KÖPFE SO GEMALT WIE IN DEN COMICS...
IHR POPEYE IST BESSER ALS DER ECHTE...
© 1995 United Feature Syndicate, Inc.
SCHULZ

1. Dezember 1995

12-2
GLAUBST DU, ICH MUSS INS GEFÄNGNIS WEGEN DER SELBST GEZEICHNETEN BRIEFMARKEN?
ICH WÜRD' MICH SCHON MAL NACH 'NEM GUTEN ANWALT UMSEHEN...
EUER EHREN: DARF ICH, BEVOR WIR LOSLEGEN FRAGEN, OB SIE UNSERE WEIHNACHTSKARTE BEKOMMEN HABEN?
© 1995 United Feature Syndicate, Inc.
SCHULZ

2. Dezember 1995

© 1998 United Feature Syndicate, Inc.
ICH WEISS NICHT... LASS ES UNS NOCH MAL OHNE DIE ROTE NASE PROBIEREN...
SCHULZ
12-12

12. Dezember 1998

PEANUTS
by SCHULZ
www.unitedmedia.com
© 1996 United Feature Syndicate, Inc.
ES IST BALD WEIHNACHTEN ... DU SOLLTEST DIR EINEN SCHLITTEN WÜNSCHEN ...
SCHULZ
12-22

22. Dezember 1996

WEISST DU SCHON, WAS DU MIR ZU WEIHNACHTEN SCHENKST?
© 1991 United Feature Syndicate, Inc.

WEIHNACHTEN WAR GESTERN!
?

ES KOMMT SCHNELLER WIEDER ALS DU DENKST...
12-26
SCHULZ

26. Dezember 1991

ES GIBT NICHTS SCHÖNERES IM LEBEN, ALS NEBEN DEM WEIHNACHTSBAUM ZU SITZEN UND DEN DICKEN SCHNEE-FLOCKEN NACH ZU SEHEN...
12-21

ODER EINEM SCHÖNEN SANDSTURM...

21. Dezember 1990

FRANKLIN

Franklin und Charlie Brown haben sich 1968 am Strand kennen gelernt. Franklin besucht die selbe Schule wie Peppermint-Patty und Marcie, die drei sind gute Freunde. Als Mitglied von Peppermint-Pattys Baseball-Team spielt er regelmäßig gegen Charlie Brown, was der Freundschaft der beiden aber keinen Abbruch tut. Franklin wird alljährlich zur Weihnachtsfeier eingeladen und während des restlichen Jahres geht er immer wieder mal mit der Peanuts-Gang ins Kino. Franklin und Charlie Brown führen oft und gern lange Gespräche über ihre Großväter.

ES GEHT DOCH NICHTS ÜBER EINE SELBSTGESTRICKTE MÜTZE...
11-17 © 1990 United Feature Syndicate, Inc.
SCHULZ

17. November 1990

MIST!
12-25 © 1990 United Feature Syndicate, Inc.

25. Dezember 1990

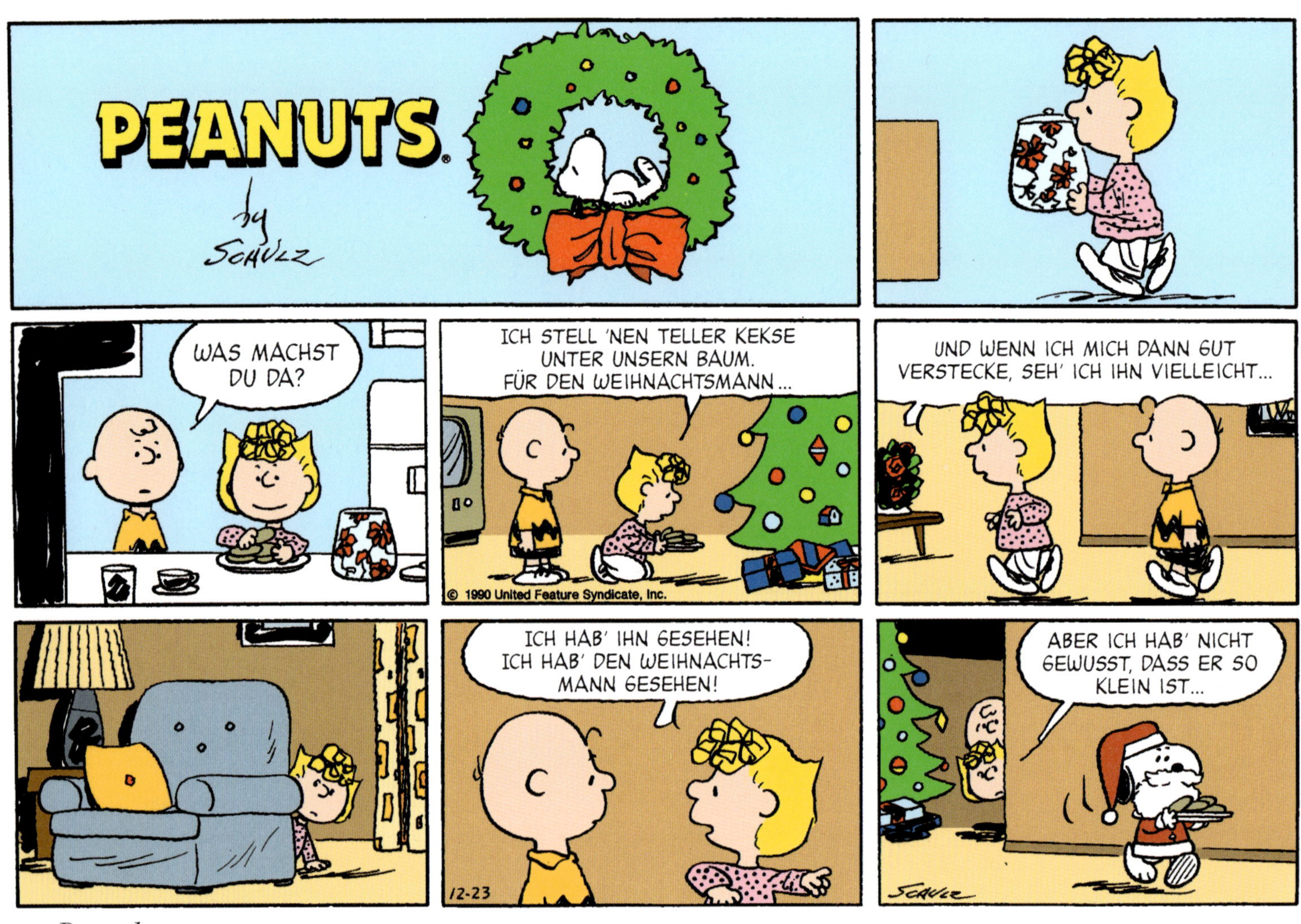
PEANUTS
by SCHULZ
WAS MACHST DU DA?
ICH STELL 'NEN TELLER KEKSE UNTER UNSERN BAUM. FÜR DEN WEIHNACHTSMANN...
© 1990 United Feature Syndicate, Inc.
UND WENN ICH MICH DANN GUT VERSTECKE, SEH' ICH IHN VIELLEICHT...
ICH HAB' IHN GESEHEN! ICH HAB' DEN WEIHNACHTS-MANN GESEHEN!
12-23
ABER ICH HAB' NICHT GEWUSST, DASS ER SO KLEIN IST...
SCHULZ

23. Dezember 1990

WENN DER ECHT SEIN SOLL, WARUM FLIEGT ER DANN NICHT MIT SEINEN RENTIEREN DURCH DIE GEGEND?
HE, WEIH-NACHTSMANN... LOS GEHT'S!
ES IST SCHLIESSLICH WEIHNACHTEN!
VERSTEH KEIN WORT... IRGENDJEMAND BIMMELT HIER DAUERND MIT 'NER GLOCKE...
SCHULZ
12-24 © 1990 United Feature Syndicate, Inc.

24. Dezember 1990

SPIKE

Als Welpen wurden Snoopy und sein Bruder Spike in der Daisy-Hill-Hundefarm getrennt. Während Snoopy nach der Entlassung die traditionelle Laufbahn einschlug und bei Charlie Brown landete, zog Spike in die Wüste. Dort lebt er heute noch, mit Joe Cactus und ein paar wandernden Büschen als einziger Gesellschaft.

Trotz des offenkundigen Schneemangels in seiner Wüste feiert Spike eisern das Weihnachtsfest und tauscht mit Snoopy alljährlich Weihnachtspostkarten aus.

„ES GIBT NICHTS
SCHÖNERES IM LEBEN
ALS NEBEN DEM
WEIHNACHTSBAUM ZU SITZEN
UND DICKEN SCHNEEFLOCKEN
NACH ZU SEHEN...
ODER EINEM SCHÖNEN
SANDSTURM..."

PEANUTS
by SCHULZ

UND SEID BITTE VORSICHTIG, WENN IHR ÜBER MEINE VERLÄNGE-RUNGSKABEL FAHRT... FRÖHLICHE WEIH-NACHTEN!
SCHULZ 12-24
© 1995 United Feature Syndicate, Inc.

24. Dezember 1995

ICH HABE GEDACHT, ICH KRIEG' EINEN HUND ZU WEIHNACHTEN... WAR ABER NICHTS...

EINEN HUND ZU BESITZEN, BEDEUTET EINE GROSSE VERANTWORTUNG, RERUN, AUSSERDEM BRAUCHEN SIE PFLEGE...
© 1995 United Feature Syndicate, Inc.

UND VIEL TROST...
SCHULZ
1-2-96

2. Januar 1996

Lieber Bruder Snoopy, dieses Jahr hatte ich eine tolle Idee.
© 1987 United Feature Syndicate, Inc.

Ich habe einen wandernden Busch als Weihnachtsbaum dekoriert.

Er sah echt schön aus…
12-1-97

… bis er weiter gewandert ist!
SCHULZ

1. Dezember 1997

27. November 1992

ALSO WENN DU MICH FRAGST... „LADY OF SPAIN" KLINGT IRGENDWIE GAR NICHT WEIHNACHTLICH...
© 1992 United Feature Syndicate, Inc.
SCHULZ 11-27

LIEBER

WIE HIESS ER NOCH MAL?
© 1990 United Feature Syndicate, Inc.

WER?

DER DICKE KERL MIT DEM WEISSEN BART UND DEM ROTEN ANZUG...
11-21

WARUM SCHREIBST DU AN MEINEN MATHE-AUSHILFELEHRER?
SCHULZ

21. November 1990

PEANUTS
by SCHULZ
HIER, ICH GLAUB' DAS IST FÜR DICH...
EIN WEIHNACHTS-GESCHENK VON WOODSTOCK! WOW!
IST DAS AUFREGEND! WAS WOHL DRIN IST?
VOGEL-FUTTER!?
12-25
© 1994 United Feature Syndicate, Inc.
WAS SOLL ICH MIT EINER PACKUNG VOGEL-FUTTER?
WARUM SCHENKT MAN JEMANDEM WAS, WAS ER NICHT BRAUCHT?
SCHULZ

25. Dezember 1994

ICH BRAUCHE DEINE ADRESSE. ICH WILL DIR 'NE WEIHNACHTS-KARTE SCHREIBEN.
ICH WOHNE HIER.

DANN SCHREIB' ICH „ER WOHNT DORT!"
© 1995 United Feature Syndicate, Inc.

11-28
NEIN, HIER!
SCHULZ

28. November 1995

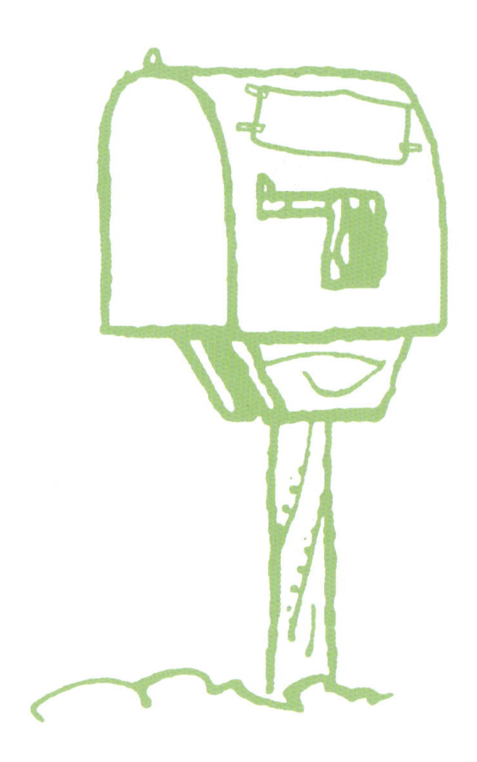

DIESES JAHR SCHREIB' ICH UNSER BEIDER NAMEN AUF DIE WEIHNACHTS-KARTEN...
12-8
www.snoopy.com

BIST DU EINVER-STANDEN? GUT...
© 1998 United Feature Syndicate, Inc.

Fröhliche Weihnachten wünschen Spike und Joe Cactus
SCHULZ

8. Dezember 1998